映える！&すぐ作れる♡

教室で役立つ ほめられアイテム

著 金子真弓　監修 樋口万太郎

学陽書房

はじめに

　本書は、日常をちょっぴり楽しくするアイテムやちょっぴりわくわくするアイディア、授業や学級経営で役立つアイテムやかわいく映える掲示物など、私がこれまで作って使ってきたものの中からご紹介する本です。

　私たち教師は、毎日忙しく、やらなくてはならないことをこなすだけで精一杯な日々も多いです。それでも、こんな時代だからこそ、子どもたちの笑顔を想像しながら、先生方自身がわくわくするような日々を送ってほしい。そんな気持ちで本書の執筆をはじめました。

　私はこれまで、自分の楽しみで作ったアイテムや掲示物などをInstagramで紹介してきました。これが、多くの方から反響をいただくことになり、「先生方は忙しい中でも子どもたちの笑顔が見たいんだな、子どもたちへの思いを形にしたいんだな」と思うことが多々ありました。

　さらに、「これ使えます♡」と、教室で役立つことを教えていただけたものもあり、本書ではそうしたものを広くご紹介できればと思っています。

　先生方が気持ちを注いで行う実践は、きっと子どもたちの心に届きます。子どもたちの笑顔を引き出すアイテムが、先生方も笑顔になれるアイテムでありますように。

　本書では先生方の時短につながるようにQRコードからダウンロードしてすぐに使えるアイテムもご用意しました。

　本書が先生方の笑顔を生むきっかけとなればと心から願っています。

2023年2月

金子　真弓

監修者からのメッセージ

「実践を本にまとめてみませんか？」

　繭先生（金子先生のInstagram上での名称）にInstagramのDMをしたところからが、本書を作るスタートでした。

　Instagramには様々な先生がアイテムを紹介されています。そういった中で、繭先生が紹介されている自作のアイテムをみていると、

「あー、なるほどこんなこともできるのか」

「この視点はおもしろい！」

「このちょっとの工夫でさらによくなるのか」

「自分がこのアイテム思いつきたかった」

など、とてもワクワクしたのです。

　そのなかでも、本書にも掲載されている「顔出しパネル」は傑作だと思っています。実は私は自分の結婚式で等身大パネルを作りました（本書を読んで、顔の部分をくり抜いておけばよかった！　と悔しがりました）。なぜ、それを作ろうと思ったのかは覚えていませんが、当日会場にあるパネルをみて、笑顔になる方がとても多かったことを覚えています。いまだに、パネルがあったよねと言われることもあります。

　繭先生のアイテムも子どもたちの笑顔を引き出すアイテムばかりです。そして、きっと心に残り、数年後にフッと思い出し、「あー、あんなアイテムあったよな〜」と笑顔になるのではないかと考えています。本書を読み、笑顔を引き出すアイテムを作ってみませんか。

2023年2月

樋口　万太郎

CONTENTS

第1章 年度初めの教室を
かわいく楽しくするアイテム

第2章 学習や生活ルールをしっかり伝える便利なアイテム

第3章 授業で役立つ!毎日使える、頼れるアイテム

第4章　子どもの活動や子ども同士の活動を盛り上げるアイテム！

第5章 子どもへの想いをかたちに

第6章 映える！ かわいくなる！
ワンポイント＊テクニック

※本書の表記
本書中の作品を作るときは、はさみとのりはどの作品でも使うため「材料」
の中には表記していませんがご用意ください。

第1章

年度初めの教室を
かわいく楽しくするアイテム

入学や進級をお祝いする掲示物

進級おめでとう！ の
掲示を簡単・華やかに

パソコンとアナログを組み合わせて、時間をかけずに進級を祝う
華やかな掲示物を作りたい！ という方におすすめです。

★ 手軽さも華やかさもあきらめたくない！

　怒涛の春休みに凝った掲示物を作る時間はなかなかありません。また、担任発表前に黒板メッセージや教室の掲示物の装飾をしないようにしている学校も多いかと思います。そこで、手書きでなくパソコンでメッセージや名簿などを印刷して色画用紙などの台紙に貼り、そのまわりに桜の切り紙やシール、桜柄の折り紙を貼るだけで華やかな掲示物を手軽に作れます♪

材料

切り紙、桜柄のシールや折り紙、パソコンで打ち出したメッセージや名簿、色画用紙

作り方

❶ 切り紙で桜の花や花びらなど春らしいパーツを作っておきます。（4月に入ってからだと忙しいので、3月中に作っておくとよいでしょう。使えそうなものが100円ショップに売っていることも）

❷ 担当する学級が決まったら、名簿を作成します。
　名簿とともに一言メッセージを書くこともできます。

❸ 拡大印刷をして、色画用紙に貼り、まわりに切り紙やシールを貼ります。

❹ 必要な場所に掲示します。

台紙はそのままで、別の掲示物にリユースできます！

パソコンで型を作っておけば、学年分まとめて作ることもできますし、毎年使うこともできます。

パソコンの文章のまわりに桜の切り紙でデコレーション♪

おめでとうの掲示の時期が終わったら、台紙はこのままで４月の集合写真を上から貼ればリユースできます。

こんなアレンジもできます！

桜の切り紙の作り方は「桜　切り紙」などと検索するとインターネット上にたくさん出ています。一度作ったらラミネート加工しておけば、毎年使うことができます。

学級目標を手軽に華やかに作りたい！

みんなの手形でラクラク学級目標の掲示

子どもたちに自分の手形をとってもらい、一緒に作る「学級目標」の掲示物です。絵の具を使わず短時間できれいに仕上がります。

★ 子どもと一緒にみんなの想いを学級目標に！

「みんなで」作り上げることで、みんなの気持ちの込められた大事なものになります。子ども自身に手形を紙で切ってもらい、貼ってもらえば時間もかかりません。1年間が終わった時に一人ひとりに目標を書いた手形を返却すると、成長を感じることができるアイテムにもなります♪

材料

模造紙、色画用紙、マジックペン

作り方

❶ みんなで決めた学級目標を真ん中に書いた模造紙を用意します。

❷ 子どもたちに好きな色画用紙を選んでもらい、その紙に自分の手形をうつしとり、手形に沿って切りぬいてもらいます。手形の中に、自分の名前と、「1年間の目標」や「学級目標を達成するためにがんばりたいこと」などをマジックペンで書いてもらいます。

❸ 学級目標のまわりに、色のバランスを見ながら教師が貼ってもよいですし、子どもたちに貼ってもらってもよいです。私は「色のバランスを考えながら貼ってね」と言葉かけしながら、子どもたちに貼ってもらっています♪

カラフルな学級目標で教室が華やかに！

学級目標はここでは切り絵風に黒画用紙を切って貼りつけていますが、パソコンで打ち出せば時短になります。

手形は少しずつ向きを変えて、模造紙から少しはみ出るように貼ると動きが出て GOOD 👍

こんなアレンジもできます！

手形を切りぬくのが難しい学年では、丸やハート、星形に切り、同じように学級目標のまわりに貼りつけても、かわいらしさが UP ♡

写真を使って学級目標を飾りたい！

みんなの写真で元気な 学級目標の掲示

子どもたちの写真とともに作る学級目標の掲示物です。絵の具も特別な道具も使いません。みんなの笑顔そのものが素材です。

★ 撮って楽しい！ 飾って楽しい！ 学級目標

集合写真も素敵ですが、一人ひとりの写真を学級目標のまわりに散りばめると躍動感も生まれます。ポーズをそろえてもOK！　撮影するときは、ペアやグループになって互いに撮り合うようにすれば、自然な笑顔を引き出すことができますね。授業参観で訪れた保護者の方も、思わず笑顔になることまちがいなしです。

材料

模造紙、タブレットかカメラ

作り方

❶ みんなで決めた学級目標を真ん中に書いた模造紙を用意します。

❷ 子どもたちに好きなポーズをとってもらい、一人ひとりの写真を撮ります。青空の下でも素敵ですし、教室の黒板を背景にしても落ち着いた雰囲気になります。学級目標の言葉と関連したポーズを考えるのもいいですね。
タブレット端末を活用して互いに写真を撮り合い、教師に送信してもらえば時短につながります。

❸ 写真をプリントして子どもの姿を切り取り、学級目標のまわりにバランスを見ながら貼っていきます。

笑顔いっぱいで見ている人も自然と笑顔に！

学級目標は大きな掲示物になるので、模造紙の色は明るくフォントも見やすいものにします。

写真は模造紙から少しはみ出るように貼ると明るく元気なイメージになります👍

こんなアレンジもできます！

吹き出しを付けて、吹き出しの中に「みんなへ一言」などと言葉を入れるのも楽しいです。まずは学級目標の掲示→写真を撮ったら写真を追加→吹き出しを書いたら吹き出しを追加、と徐々に完成させていくことで楽しみも UP ♡

みんなの誕生日をみんなで大切にするアイテム
かわいいケーキで
月ごとの誕生日の掲示

誕生日の掲示物です。月ごとに1枚（全部で12枚）台紙を作成して1年間掲示します。フリー素材のイラストを使えば手軽にできます。

★ ラミネート加工すれば毎年使える、ほめられアイテム

　色画用紙で作成した台紙（もしくは、パソコンでイラストを印刷したもの）をラミネート加工する、このひと手間で何年でも使うことができるアイテムが作れます。12か月分を掲示しておくことで、「今日〇〇さんの誕生日だね」など、友達のことを知るきっかけにもなります。年間を通して12枚並ぶ掲示物だから、掲示する場所にもこだわりたいですね。

材料

色画用紙、ラミネート、短冊カード

作り方

❶ 色画用紙を切って貼り合わせてケーキの形の台紙を12枚作ります（ここでは、3か月ごとにケーキの形を変えてカラフルになるようにしています）。何月のものかわかるようにどこかに必ず数字を入れます。

❷ 台紙を1枚ずつラミネート加工します。

❸ 一人ひとりの名前の短冊を作ります。「日にち」と「名前」を短冊状のカードに書いて（子どもたちに書いてもらってもよいでしょう）、台紙の上にのりか両面テープで貼ります。

★ 年度末に、名前の短冊をはがして、のりや両面テープがきれいにはがれなかったら、メラミンスポンジでこすって水洗いすればきれいになります！

＊参考文献：『すぐできる小学校壁面構成アイデア帳』阿部肇／石川悦子監修 十亀敏技著（民衆社、1999年）

「おめでとう！」で友達同士をつなぐ効果も！

お誕生日の子どもが一
人もいない月も並べて
提示しています。

少し飛び出した部分に掲示すると
自然と立体感が出ます。

こんなアレンジもできます！

12枚を作成するのが大変だなと感じたら、1枚の台紙でもOKです。
A4サイズで台紙を作り、ラミネート加工した上からホワイトボード
マーカーで毎月名前を書き替えれば、狭いスペースでも掲示可能です。

アメコミ風に面白く！係活動の掲示

QRコードから読み取って印刷するだけの係活動のカードです。「かわいい！」と子どもたちが喜んでくれること間違いなし!?

★ とにかく楽チン簡単でかわいく仕上がる

楽しい係活動にしてほしい、という思いを込めて楽しいカードを作成しました。ポイントになるのはみんなの写真です。同じ係の子どもたちでポーズを考えたり小道具を持ったりして、楽しく撮影し、活動への意欲を高めるしかけにしていきましょう。

材料

QRコードからプリントしたシート、少し厚めの紙（ケント紙やマット紙など）、タブレットやカメラ、色鉛筆

作り方

❶ QRコードを読み取り、シートをプリント。

❷ ケント紙やマット紙など少し厚めの紙に、印刷機で印刷します。

❸ 同じ係の子どもたちで集まって「係名」「仕事内容」「みんなへお願い」を記入したり、色を塗ったりして仕上げます。

❹ ❸と同時進行で、教師は係の子どもたちを集めて写真を撮ります。写真をプリントして最後に貼り付けたら完成♪

実際の使用例

ポイントになるのはみんなの写真!

写真を真ん中のスペースに大きく入れると映えます♪

係の名前も自分たちで工夫すると楽しくなりますね♪

こんなアイディアもあります!

係活動に関係のあるものを小道具にして写真を撮るのがおすすめ。黒板係なら黒板消し、体育係なら体育帽子、教科係は教科書など、子どもたちのアイディアを引き出して撮影時間も楽しみましょう。

1年生でもかわいく係カードを仕上げられます

洗濯物風に楽しく！
係活動の掲示

入学間もない1年生におすすめの係の掲示物です。文字スペースが少なく、上手に書けなくてもシールで何度も書き直しができます♪

★ 間違えて書いてしまってもシールだから安心

　教師は洋服の形を切っておくだけです。子どもたちはタックシールの上に文字を書くので、もし間違えてしまってもシールを交換すればすみます。

　洗濯物風の掲示物なので、麻のひもに木の洗濯ばさみで吊るすとかわいらしさがUPします。中学年以上なら、子どもたちが色画用紙で洋服の形を切ったり洋服に柄を入れたりしても♪

材料

色画用紙、タックシール（貼ってはがせるシールがおすすめ）

作り方

❶ QRコードからダウンロードした型紙を200％に拡大して使い、色画用紙を洋服の形に切ります。Tシャツ、ズボン、スカート、ワンピースなど、同じ形があっても大丈夫。首元だけ変えたり裾だけアレンジしたりするのもかわいいです。

❷ 同じ係の子どもたちで集まって、タックシールに「係名」「仕事内容」を記入します。または、聞き取りをして教師が代筆します。

❸ 同じ係の子どもたちを集めて写真を撮ります。写真をプリントして最後に貼り付けたら完成♪

教室にある洗濯物に思わず笑みがこぼれます！

麻のひもに木の洗濯ばさみで吊るすとかわいさ UP ♪

タックシールは 100 円ショップでも購入できます。

○ **こんなアレンジもできます！**

○ 吊るした洗濯物のひもに、クリスマスシーズンは靴下を吊るしたり、

○ 先生からのお知らせを吊るしたりすることもできます。

仕事の確認が一目瞭然な係カード

マグネットを使って
係活動の掲示

マグネットを使用する係ボードで、「仕事はこれから」なのか「終わりました」なのかが、見てすぐにわかります。

★ 毎日仕事を忘れずにするためのひと工夫

　マグネットを使用するので、背面黒板やホワイトボードなど磁石のあるところで使います。慣れるまではマグネットを移動させるのを忘れてしまうかもしれませんが、慣れてくるとお互いに声をかけ合って仕事を忘れずにすることができます。教師が毎回声をかけなくても、自分たちで仕事をすることができるようになる、みんながうれしいアイテムです。

材料

ホワイトボード（A4サイズ）、ホワイトボードマーカー、マグネット、油性ペン

作り方

❶ A4サイズのホワイトボードに油性ペンで右ページのような枠を書きます。そして仕事の内容などを子どもたちにホワイトボードマーカーで書いてもらいます（１年生などは先生が聞き取って書いてもOK）。

❷ ❶の一部に「仕事の進捗状況」がわかるコーナーを設けておきます。「まだです」「終わりました」「今日は仕事がありません」と３等分しておくとよいです。

❸ 朝は「まだです」の部分にマグネットを置きます。仕事が終わったら「終わりました」にマグネットを移動することを子どもたちに説明しておきます。

「お仕事した？」。友達同士で声をかけ合えます！

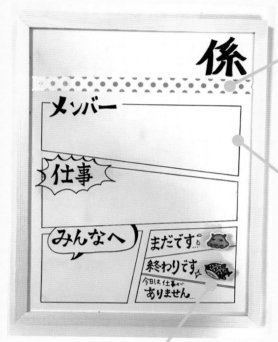

マスキングテープでちょこっとかわいく♡

ホワイトボードに油性ペンで書く部分（消えない）とホワイトボードマーカーで書く部分（消える）を使い分けるとよいでしょう。学期末や年度末になったら、除光液を使うと油性ペンもきれいに消すことができます。

メンバーによってマグネットを分けてもよいですね。

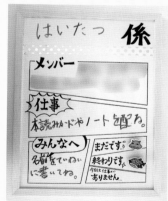

実際の使用例

こんなアイディアもあります！

- ホワイトボードで作ることで、みんなへの連絡を書き換えできます。
- かわいマグネットを使えば子どもたちのやる気も UP します♡

日直の仕事を確実にやるためのアイテム

日直の仕事がとってもわかりやすくなる掲示

日直の仕事を箇条書きにしておき、1つ終わるたびに裏返していく掲示物です。全部終わると裏面の画像が出てきて達成感UP♪

★ 1つ終わるたびに裏返す楽しみも

　箇条書きにしているので、1つ終わったら1つ裏返すことで、「仕事をやった」充実感が生まれます。そして仕事を忘れることもありません。裏面には、子どもたちの写真や子どもたちや先生が好きな画像を貼り付けておくと、裏返していく楽しみもUPしますね♪

材料

日直の仕事内容をA4サイズに印刷したもの、裏面の画像、輪ゴム、穴あけパンチ、ラミネート

作り方

① 日直の仕事内容を箇条書きにし、プリントします。

② 好きな画像を①と同じサイズの紙にプリントします。

③ ①と②を裏表にして貼り合わせてラミネート加工します。

④ ③を1項目ずつバラバラにして切り離し、短冊状にします。このとき、裏表にした2枚の紙を両面テープなどで貼り合わせて、補強します。

⑤ 両端に穴あけパンチで穴をあけて、輪ゴムを通します。

⑥ 両端の輪ゴムを壁に画鋲で留めます。

毎日目にするものだから好きな画像を使って気分を上げよう!

輪ゴムが劣化したら交換しましょう。色付きの輪ゴムもかわいいです。仕事が終わったら裏にひっくり返していきます。

裏面に学級目標や集合写真を使うのも◎

こんなアレンジもできます!

横書きにして、縦長の掲示物にすることもできます。画鋲をたくさん使うので、お気に入りの画鋲を使うのもよいですね♪

私が教室で大切にしている
７つの「あい」

　私が学級を楽しくするものを作ったり教室を華やかに飾ったりしているのは、子どもたちに「毎日学校に来るのが楽しみだな」と思ってもらいたいからです。

　そして何よりも子どもたちの嬉しそうな笑顔が見たいからです。

　私には教室で大切にしている７つの「あい」があります。

1	Eye	（一人ひとりを見る目、その日その日を見つめる目）
2	I	（自分の軸となるもの、自分の思い）
3	アイディア	（楽しい発想）
4	アイテム	（楽しい小道具）
5	あいづち	（あなたの話を聞いているよの合図）
6	愛嬌	（ご機嫌でいること）
7	愛	（愛情は、伝わる。と信じています）

　本書には、アイディアとアイテムを中心に、この７つの「あい」をたっぷりと詰め込みました。

　先生方が愛をもって日々子どもたちの前に立つときに、子どもたちに思いを伝えたいときに、本書がその表現方法のヒントになれば嬉しいです。

第 2 章

学習や生活ルールを
しっかり伝える便利なアイテム

おひとりさまタイム

1. 読書
2. おえかき
3. ぬり絵
4. いいところさがし
5. ドリルパーク
6. タイピング
7.

おひとりさまを楽しもう

話の聞き方おうじさま
話の仕方おひめさま

QRコードからプリントするだけ♪ わかりやすい合言葉で、話の聞き方や話の仕方を定着させる掲示物です。低学年におすすめ。

★ 合言葉は「おうじさま」と「おひめさま」

　頭文字をとってわかりやすい合言葉にすることで、定着しやすくなります。授業中、目につきやすくするために、教室の横の壁に掲示しておくとよいです。「おうじさま」と「おひめさま」なのに実際は「おぴめさま」というところは、くすっとなるポイントです。以前に、小学館の『教育技術』の記事を参考にして作ったものです。

材 料

QRコードからプリントしたシート（ラミネート加工しておくと長く使えます）

使い方

❶ QRコードを読み取ってシートをプリントし、教室に掲示します。

❷ 朝の会などで具体的に手本を示しながら子どもに内容を伝えます。

❸ 授業の中で、「おうじさま」の聞き方ができている子をほめるときに、「今、〇〇さんは、先生の方をじっと見つめながら話を聞いてくれていたよ。おうじさまの聞き方ができているね」などと価値付けます。

❹ 時々、上に紙を貼って隠した状態で提示して、クイズ形式で確認する時間を設けるのもよいですね。

話の聞き方　おうじさま

お　おわりまで聞く

う　うなずきながら聞く

じ　じっと見つめて聞く

2人組で話すとき、グループで話すとき、学級全体の前で話すときなど、それぞれに応じて、「ぴったりした声の大きさで話す」という意味です。

話の仕方　おひめさま

お　おわりまでしっかり話す

ひ　ぴったりの声で話す

め　目を見て話す

こんなアレンジもできます！

できた日には余白部分にシールを貼っていくなどして、掲示物を飾りにしないように活用していけるとよいですね。

授業中、いつも意識したい反応の仕方
聞き上手になれる！「あいづちあいうえお」

前向きな聞き上手になれる魔法のアイテム。低学年から高学年まで幅広く活用できます。QRコードからプリントしてください。

★ 簡単な合言葉で授業に活気が生まれます！

　頭文字を使ってわかりやすい合言葉にした、友達の発言を前向きに聞けるようになる掲示物です。4〜5月の学級作りの中で定着していきたいことの1つです。授業の中で手本を示し、できている子をほめることで、次第に学級全体の反応が前向きになり、授業に活気が出てきます。高学年こそ使ってほしいアイテムです。

材料

QRコードからプリントしたシート（ラミネート加工しておくと長く使えます）

使い方

❶ QRコードを読み取ってシートをプリントし、教室に掲示します。

❷ 朝の会などで具体的にジェスチャーなど示しながら子どもたちに内容を伝えます。

❸ 授業の中で、「あいうえお」の反応ができている子をほめるときに、「今、○○さんは、うんうんと頷きながら話を聞いてくれていたよ。あいづち名人だね」などと価値付けます。

❹ 時折、練習タイムをとっても楽しいです。

＊参考文献：『想いが伝わる 話し方ばっちりスキル』髙橋朋彦著（明治図書出版、2021年）

ジェスチャーもつけるとさらに効果的!

あいづち あいうえお

あ あ〜なるほど!

い いいね!!

う うんうん!!

え えぇっ!!（おどろいて）

お おおー!!

練習をするときはちょっと大げさにジェスチャーもつけると楽しく練習ができて記憶にも残りやすくなります♪

こんなアレンジもできます!

「あいづちあいうえお」が達成できたら「〇〇かきくけこ」などをみんなで作っても楽しいですね。（例：「ほめ言葉さしすせそ」…「さすが!」「信じられない!」「すてき!」「世界一!」「そうだね!」など）

言葉でうまく表現できない気持ちも表せる
いまの気持ちを伝える
表情カード

気持ちを表情のイラストで表したものです。言葉で伝えるのが苦手な子にも使いやすい、みんなに優しいアイテムです。

★ 気持ちを可視化してコミュニケーションも円滑に

　道徳の授業や日々の生活の中で、「いまの気持ちは？」と問われたときにうまく表現することができない低学年におすすめのアイテムです。「うれしい気持ち」「いやな気持ち」以外の複雑な気持ちを、言葉ではうまく言えなくても、このカードを指さしたり、このカードをまねして顔のイラストを描いたりすることで、自分の感情を表現することができます。

材料

色画用紙、マジックペン

作り方

　八つ切りサイズの画用紙に、タテ４つ、ヨコ３つの顔を貼っていくサイズ感で作ります。

❶ 丸の中に右のような顔の表情を描きます。

❷ 丸の形よりひと回り大きく切った色画用紙の上に❶を貼り、表情カードを作ります。

❸ 八つ切りサイズの画用紙に表情カードを並べて貼って完成。

★ 大きな画用紙に貼らずにバラバラのままでも活用できます。

自分を客観的に見つめて気持ちを整理する効果も!

うれしい
たのしい
しあわせ

いまのきもちはどんなかお?

きもちを えで あらわそう!

はずかしい
おこっている

こわい
ふつう
つまらない

こまった
かなしい
たすけて

顔の背景の色画用紙の色に意味はないので、全部違う色にしてもよいですし、学級のカラーに合わせても◎

道徳の授業でも大活躍!登場人物の心情を言葉で書くのは難しくても顔のイラストなら描ける子も。

こんなアレンジもできます!

子どもたちと新しい表情カードを作ってバリエーションを増やしてもよいですね。

教師が大切にしている言葉を伝えるアイテム
「まちがえる」「かんがえる」「みちがえる」

絵と言葉でわかりやすく、教師が大切にしている言葉を伝えるための掲示物です。1年生から6年生まで幅広く使っていきます。

⭐ 教室に安心して生活できる合言葉を

　このカエルは3匹で1セットです。「間違いは宝」などといわれますが、「間違えることもあるよね」「そしたら考えよう。自分の頭で一生懸命考えるんだよ」「その結果、みちがえるから。もっともっと輝けるから」というように使います。授業の中や生活の中で間違えてしまったときはこのカエルの登場です。「一生懸命考えたね、これでみちがえたよ、大丈夫」と言ってあげることができます。

材料

QRコードからプリントしたシート（ラミネート加工しておくと長く使えます）

作り方

❶ QRコードを読み取ってシートをプリントします。

❷ 順番を間違えないように気を付けて掲示して完成♪

★ ラミネート加工しておくと、長く使えます。

朝の会や道徳の説話でも使えます

| まちがえる | かんがえる | みちがえる |

学級経営の軸になる言葉は、全員がよく見えるところに掲示したいですね。横の壁の中央、少し高めのところがおすすめです。「カエルがいつもみんなを見守ってくれているよ」などと話すこともできます。

こんなアイディアもあります！

もちろん、カエルにこだわる必要はなくて（笑）、教師が大切にしている言葉を1年間教室のどこかに掲示しておくと、それが学級経営の軸になります。子どもたちの中にもぐっと浸透していきます。

丁寧にノートを書いている子を認めるアイディア

ノート大賞を
華やかに掲示しよう

色画用紙にタイトルを付けるだけで完成のお手軽掲示物。子どもの
ノートをカラーコピーして掲示するだけでみんなのお手本に。

★ 超簡単♪ 上に重ねて貼っていくだけ

　素敵なノートを紹介する実践はみなさんされていると思います。その台紙
をひと工夫してみました♪　コピーの余白に「どんなところが素敵なのか」
ポイントになる言葉を添えると、他の子どもたちも何をがんばればよいのか
がわかります。自分のノートも貼ってもらえるようにと、丁寧に書いたりた
くさん考えを書いたりするようになるでしょう。同じ子ばかりにならないよ
うに配慮して、いろいろな子を登場させてあげましょう。

材料

色画用紙、タイトル部分を打ち出した紙

作り方

❶ 好きな色画用紙や包装紙などを用意します（B4より大きいサイズがおすすめ）。
　色画用紙の代わりに、
　★フラットファイルを使えば→のりで貼らずに穴をあけて綴じるだけでOK
　★クリアファイルを使えば→中に入れていくだけでOK、しかもよれない

❷ 色画用紙や包装紙の上にタイトルを貼り付けたら準備完了。

❸ 丁寧に書いている子、自分の考えをしっかり書いている子のノートをカラー
　コピーし、余白に一言添えて貼っていきます。

❹ 次に新しく紹介するノートのコピーは、コピーの裏側の上部にのりを付けて、
　上から重ねて貼っていくだけです。

映える掲示物で、みんなもつられて頑張れる！

丸く切った
色画用紙で
かわいく
デコ♪

台紙を大きくすれば、B4 横向きも、A4 縦向きもどちらも貼ることができて便利です。

台紙の余白には、子どもたちが作ったイラストや折り紙を貼っても◎

こんなアレンジもできます！

壁に余白があれば部門ごとに分けてもよいでしょう。「丁寧に書けているで賞」「自分の考えを書けているで賞」「振り返りの視点が素晴らしいで賞」などいろいろ考えられますが、負担にならずに楽しく取り組める程度にしましょう。

けじめのある生活を送るための小さなしかけ
「ミッションクリアせよ！」ゲーム感覚で規律を守る！

「本日のミッション」をホワイトボードに書き、日々の目標を確認するためのアイテム。油性ペンで枠を書けば毎日リセットできます。

★ グループで協力して、ミッションクリアしよう

　ミッションは「１分前着席」「次の時間の準備をしてから休み時間」など小さなものでOKです。朝の会でミッションが決まったら、グループで協力し、ミッションクリアするごとに花丸を書いていきます。小さなミッションクリアを繰り返すことで、子どもたちは楽しみながら成長していけます。

材料

ホワイトボード（A4サイズ）、ホワイトボードマーカー（赤）、油性ペン

使い方

❶ ホワイトボードに、油性ペンで右ページのような枠を書けば準備完了♪

　★１～６の数字はグループの番号です。

❷ ミッションクリア目指してグループで協力してがんばります。

　「１分前着席」の場合、１時間ごとにチェックします。例えば…１時間目の開始時に、グループ全員が１分前に着席できたら、ミッションクリアです！ グループの番号の枠に、花丸を１つ書きます（「全員ができて花丸１つゲット」というところがポイントです）。

❸ ６時間目まで繰り返します（ミッションができない時間があれば、「今日のミッションは最高で５つだね」などと確認しておくとよいでしょう）。

❹ 帰りの会で、１番多く花丸が付いているグループが、「今週の合計」の枠に１つ花丸をもらえます。

❺ １週間通してミッションを繰り返す場合、金曜日の帰りの会で振り返りをします。「今週の合計」の花丸が１番多いグループに、みんなで拍手です。

「荒れる前兆」と言われる6月、11月、2月に大活躍

木製フレームのホワイトボードは100円ショップでも手に入ります。
こちらはマスキングテープでかわいくデコ♡

実際の使用例

私は、6月、11月、2月は1週間程度必ず行うようにしています。
このミッションを行うことで「最近時刻が守れてないよね」→「ミッション達成できてるね、みんな時刻を守って生活できているね」と、「気になる小言」を「プラスの言葉」に変換できたら最高ですね。
ちょっと最近けじめがないのが気になるな…などと小さな教師の気付きを大切に♪

こんなアイディアもあります！

ミッションの決め方としては、①教師が決める、②子どもたちと話し合って決める、③当番の子どもが決めるなどが考えられます。行う頻度も①1週間連続で、②毎週水曜日、③最近ちょっとけじめがないなと思った日など、義務感なくできるとよいですね。

時間が余ったときに、やることについて迷子にならない!
やることがわかる! 「おひとりさまタイム」の掲示

課題が早く終わったときに「先生、何すればいいですか?」をなくすひと工夫。掲示しておくだけで、何をすればよいかわかります。

★ 読書だけじゃない! 自分で選択できるからがんばれる

ホワイトボードに、「おひとりさまタイム」と題して、課題や作業などが早く終わった時にやることを書いておきます。「終わった人は読書ね」と毎回言う必要がなくなり、「先生、お絵かきしていてもいいですか?」などと聞かれることもありません。いくつもある選択肢から自分で選ぶので、余った時間を有意義に過ごすことができます。

材料

ホワイトボード、ホワイトボードマーカー、(折り紙やマスキングテープ)

作り方

❶ ホワイトボードに、「おひとりさまタイム」でやることを書くだけで完成!
「計算ドリル」「お絵かき」など箇条書きで書きます。「新聞作りの続き」など適宜加除修正していくことも可能です。

★ おひとりさまタイムの例

低学年:読書、ぬりえ、お絵かき、点つなぎ、迷路

中学年:読書、ぬりえ、お絵かき、タイピング、会社活動の仕事

高学年:読書、大人のぬりえ、タイピング、委員会の仕事

★ ホワイトボードを、折り紙、マスキングテープなどを使ってデコレーションすると、華やかに(材料はすべて100円ショップで手に入ります)。

「おひとりさま」を楽しむ・・・ネーミングも大事♡

レース柄の折り紙や
マスキングテープで
かわいくデコ♡

おひとりさまタイム

1. 読書
2. おえかき
3. ぬり絵
4. いいところさがし
5. ドリルパーク
6. タイピング
7.
おひとりさまを楽しもう

ヘアゴムに付いている飾りをマグネットにボンドで貼りつけました。

マグネットを付けておけば、「今日は4番までね」などとすることもできます。

余白を作っておけば、書き加えることもできます。

こんなアイディアもあります！

いつも同じではなく、余白を残しておいて、図画工作科の時間なら「折り紙」、社会科の時間なら「都道府県パズル」など、各教科ならではの項目を追加することで、教科の学びにつながります。

正しく予防するためのアイディア
感染対策に
ひと工夫

消毒液のボトルに文字を貼っておくだけ。教室の入口などに置いておき、忘れずに消毒をできるようにするためのひと工夫です。

★ 消毒しながら投票もできて一石二鳥

　自分の気持ちに近いほうのボトルを1プッシュ。消毒しながら投票をしていることになります。あくまでも「消毒」が目的ですので、「みんなにしっかり消毒をしてほしいからだよ」と丁寧に話をしておきます。この取り組みを始めると、教室に入る前や手洗いの後など、頻繁に消毒をする姿を見ることができますよ。

材料

消毒液のボトル2本、選択肢カード、説明シート

作り方

❶ お題と選択肢を考え、右のページのような説明シートを作ります。

❷ 選択肢をわかりやすく色分けして打ち出し、消毒液のボトルに貼ります。

★ アルコールで濡れるので、選択肢はラミネート加工します。

＊JR昭島駅の感染症対策を参考にしました。

目的をしっかりと伝えよう

みんなが忘れずに消毒をすることが1番の目的なので、あまり熱くならないようなお題にしましょう。

お題：好きな遊びは？

けいどろ？ドッジボール？1プッシュで教えて。

- 手洗いのあと（トイレ後、休憩時間、給食前など）
- 1回につき1プッシュにしましょう。
- その時の気分で変わってももちろんOK♥
- 友達の投票も受け止めよう！

★みんながきちんと消毒をするための投票だよ★

こんなアイディアもあります！

お題と選択肢の例としては、「好きな給食は？」（カレーライス / あげパン）、「好きな季節は？」（夏 / 冬）、「タイムスリップするなら？」（過去 / 未来）、「1日だけなれるなら？」（魔法使い / 透明人間）など、学級のみんなが楽しめたり友達との会話が広がったりするものがよいですね。

生活目標と関連させて使いたい

廊下を静かに歩く
忍者になろう！

QRコードから印刷、ラミネートして貼るだけ。低学年なら、教室を出るときにみんなでこのポーズをして忍者になりきるのも効果的。

★ 楽しい掲示でルールを可視化して覚えちゃおう

「廊下は歩きましょう」。何度言ってもなかなか定着しない…なんて悩みをもっていたりしませんか？　シンプルな言葉とともに、インパクトのある忍者のイラストを添えたこのポスターを貼ってみたら、とっても効果がありました。「廊下は歩くよ」と声をかけると、「忍者だよ」とお互いに声をかけ合う姿も見られるように！

材料

QRコードからプリントしたシート（ラミネート加工しておくと長く使えます）

作り方

❶ QRコードを読み取ってシートをプリントします。
❷ ラミネート加工します。
❸ 貼る場所を考えて掲示します。

ろうかは
静(しず)かに
右がわ歩行(ほこう)

廊下の床（右側）に直接貼るのがおすすめです。

こんなアイディアもあります！

廊下の中央に四角い椅子などを置いて右側歩行を意識させる方法もあります。その場合、椅子の両側に掲示しておけばどちら側から歩いて来ても、この掲示物が目に入ります♪

かわいいをシェアする、ということ

　20余年、教師という仕事をしてきました。

　その間に、いろいろな方とのご縁に恵まれて、今の私がいます。

　初任校で出会った恩師は、子どもにも大人にも厳しい先生でしたが、いつも根底には愛情があり、手作りのアイテムで子どもたちの心に灯をともす方でした（そしてそれはいつも「いつの間に作ったの？」というものばかり）。

　3校目で、掲示物がいつもかわいらしい先生や、授業で役立つアイテムを自作している先生と出会いました。このように、すぐ近くにいる偉大な先生方からアイディアをいただいたり刺激を受けたりしてきました。ありがたいことです。

　本書では、私がこれまでに出会った素敵な方々から影響を受け、時間をかけて少しずつ形を変えながら、ちょこっとかわいらしさや私の好きな雰囲気を付け足していったものも紹介しています。

　13年目から、出産、育児に追われ、自分の時間が思うようにとれなくなりました。掲示物やアイテムを作る時間がない…そんな歯がゆい思いも経験しました。

　そこで、アイテムを簡単にダウンロードできたら、忙しい先生方のお役に立てるかもしれないと思い、本書ではQRコードからダウンロードしてすぐに使えるアイテムもあります。そこから先生方がご自身の色を付け加えてアレンジしていってくださればと思います。

　お気に入りのアイテムをシェアして時短につながった分、先生方や子どもたちの笑顔がまた増えますように。

第 **3** 章

授業で役立つ！
毎日使える、頼れるアイテム

ノート指導の神アイテム！
「１マスあける」
「１行あける」マグネット

QRコードからすぐ使えます♪　シンプルだけど大活躍！　たくさん用意しておけば、低学年のノート指導に役立ちます。

★ ノートがきれいに書けて見やすくなるからやる気もUP

　ノート指導のときに、「黒板と同じように書かせたい」と思ってもなかなかうまくいかないこと、ありませんか。「ここ一行あけてね」と言っても伝わらなかったり、チョークで「一行あける」と書くとそれもノートに書いてしまったりして。そんなときにこのアイテムが大活躍。きれいに整理されたノートで、後から見返してもわかりやすいので、学習内容の定着にもつながります。

材料

QRコードからプリントしたシート、ラミネート

マグネットシール（細かく切れているものが便利です）

作り方

❶ QRコードを読み取ってシートをプリントします。

❷ ラミネート加工して、四角い線に沿って切り離します。

❸ 裏にマグネットシールを貼れば完成♪

ヨコ書き

タテ書き

見やすいノートでほめられる場面も増えみんなハッピー！

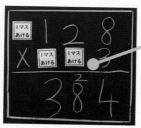

黒板とまるまる同じように書く必要はないかもしれませんが「ノート指導をしっかりしたい！」というここぞというときにお役立ちのアイテムです。

こんなアレンジもできます！

横書きバージョンも用意しておけば、他の教科でも役立つ、オールマイティなアイテムです。算数では、筆算の書き方指導にも役立ちます。

マグネットシートを切るだけでミニミニホワイトボードに！

すぐ書ける！ 書きたくなる！ ふわふわホワイトボード

市販のマグネットシートを吹き出し型に切るだけ。子どもに自分の考えなどを書いてもらいます。ミニサイズなのですぐ書けます。

★ マグネットシートを切るだけ！ みんな書きたくなる！

ノートやプリントに考えを書き終わって時間が余ってしまう子、いませんか。そんな子どもにさりげなく渡して、「あなたの考えをここに書いて、書けたら黒板に貼ってきて」と伝えます。喜んで丁寧な字で書いてくれること間違いなしです。「私も書きたい！」に応えられるようにたくさん用意しておくとよいでしょう。個人差へ対応できるとともに、その時間、教師は他の子どもの指導にあたることができます。

材料

マグネットシート

作り方

❶ マグネットシートに鉛筆で吹き出しの形を下書きします。

❷ 下書きに沿って、はさみで切ったら完成。

★ マグネットシートを繰り返し使ううちに、ホワイトボードマーカーの汚れが落ちにくくなります。このシートならそのまま水洗いすれば新品のようにきれいになります。

吹き出しいっぱいで黒板も映えます！

吹き出しの形にするだけで板書が
華やかに♪

ミニサイズなのですぐ書
けます。黒板の余白や授
業の残り時間に応じて渡
す人数を調整できます。

こんなアイディアもあります！

白い紙をラミネート加工するだけで、ホワイトボードと同じようにホワイトボードマーカーで書くことができるようになります。これをいろいろな形に切れば、もっとバリエーションが増えます。裏にマグネットシールを貼るのを忘れずに。

意図的指名に使える 発表お願いカード

QRコードを読み取ってすぐに使えます。「この子の意見、ぜひ発表してほしいな」というときにさっと渡すカードです。

★ カードをもらって自信もUP

　発表スタイルにもいろいろとありますが、意図的指名を取り入れたいときに使っています。いきなり指名せずに、「お願いしてもいい？」と言いながらさりげなくこのカードを渡します。カードをもらった子は自信をもって発表することができます！　カードに書かれたコメントも「説明が上手！」「おもしろい！」などさまざまなので、多様な意見を取り入れることができ、授業も盛り上がります。もらった子もうれしくなること間違いなし！

材料

QRコードからプリントしたシート、ラミネート

作り方

❶ QRコードを読み取ってシートをプリントします。

❷ ラミネート加工して、飾り枠のまわりの余白を少し残して切り離します。

❸ たくさん用意をして準備完了。

＊参考文献：「意図的指名のための『発表準備シール』」多田幸城『道徳教育』（明治図書出版、2020年11月号）

自信がなくて挙手できない子もこのカードを渡せば思わず笑顔に。発表へのハードルを少し低くしてくれます♪

使い方にちょっぴり気を付けて！

カードをもらっていない子ががっかりしないような言葉がけも必要ですね。誰に渡したか毎回チェックできればいいのですが、なかなかそこまで手が回らないので、「カードを渡した子の意見だけが素晴らしいってことじゃないからね」などと、誰かが傷つくことがないよう、フォローも忘れずに。

くじ引き
「誰が出るかな?」

100円ショップの材料で作れるくじです。授業中の指名だけでなく、席替えや係活動など、いろいろな場面で使える便利なアイテムです。

★「発表できた!」自信につながる

　発表スタイルもさまざまですが、問題文を読んでほしいときや、クイズの答えなど、難易度の高くない問題でくじ引きを取り入れています。そのくじをちょっぴりかわいく作ってみました♪「発表したいけど手を挙げる勇気が出ない」。そんな子の「発表できた」という自信にもなります。くじをしゃかしゃか振って「誰が出るかな」のワクワク感、「私の番号出るかな」のドキドキ感も、前向きな気持ちで楽しめたらいいですね。

材料

くじになるスティック（学級の人数分）、丸シール、マジックペン、くじを入れる容れ物（100円ショップでタンブラーとして販売されているもの）

作り方

❶ くじを作成します。丸シールに番号を書いて貼ってもよいですし、スティックに直接番号を書いてもよいです。

❷ ❶を100円ショップのタンブラーなどの容れ物に入れます。

❸ 容れ物を振ったときに中ぶたが落ちてこないように固定して完成。
　（ここでは、タンブラーを使用していますので、中ぶたの口からくじが1本ずつ出てくるようになっています）

出たくじは戻さないでおけば、重複せずに指名ができます

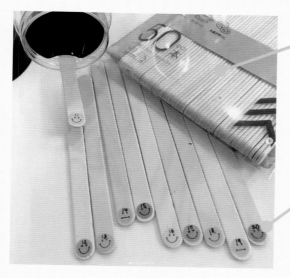

くじになるスティックも、容れ物も 100 円ショップで購入できます。

丸シールを貼ってちょっぴりかわいらしく♪

くじが1本ずつ出てくるので便利♪ですが中ぶたの固定も忘れずに。

使い方にちょっぴり気を付けて！

難易度が高くないと思っても答えられない子もいるかもしれません。みんなの前で発表すること自体が苦手な子もいるかもしれません。学級の実態に応じて、授業の中で使わずに、クイズやお楽しみ会などで活用することも考えられます。

貼り替え自在で手軽に使えるアイテムに

3回使える！
変身自在おめん

低学年の役割演技で活躍するお面は、頭に巻く部分とお面部分を分けて作るだけでOK。頭に巻く部分を人数分作っておきます。

★ お面の活用がもっと手軽に！　もっと身近に！

　お面があるだけで気分が変わり、低学年で特に「なりきりアイテム」として活躍する小道具ですが、作るのが大変なイメージがありますよね。この「変身自在おめん」なら、一人二役も、役割交代も、お面部分を交換するだけだから、手軽にできちゃいます。使う場面が増えれば役割演技にも慣れ、役になりきって心情を想像することにもつながります。

材料

頭に巻く部分：ボール紙（工作用紙）、ホチキス、輪ゴム、マジックテープ（ちくちくしている方）／お面部分：色画用紙、ラミネート、マジックテープ（ふわふわしている方）、マグネットシール

作り方

❶ 頭に巻く部分を作ります。ボール紙を5㎝×40㎝に切り、両端を2cm程度折り返しします。この折り返し部分にそれぞれ輪ゴムを通します。さらに輪ゴム同士を2〜3個の輪ゴムでつなげ、折り返し部分をホチキスでとめます。中央（おでこの部分）に、マジックテープ（ちくちくしている方）を貼ります。

❷ お面部分を作ります。パソコンからプリントしたり色画用紙で作成したりしてラミネート加工します。裏にマジックテープ（ふわふわしている方）を貼ります。マグネットシールも貼っておけば黒板に提示することもできます。

❸ ❶のマジックテープ部分に❷のマジックテープ部分をペタっと貼れば完成。

お面部分は取り外して、黒板提示に教室掲示に一石三鳥!

頭に巻く部分にマジックテープを貼れば付け替えが自在。

ホチキスの芯が頭に刺さらないように、芯の向きを外側に向くようにします。

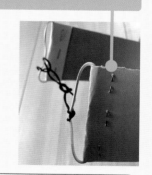

こんなアレンジもできます!

お面部分は、①お面として使う、②板書しながら挿絵として黒板に提示する、③授業後には学びの足跡として教室に掲示する、とアレンジして使えるので一石三鳥♡ 仕事の時短にもつながります。

カチンコ
〜市販のアイテム紹介します

　100円ショップやDIYショップ、大型ショッピングモールなどへ行くと、「学校で使えそう！」「子どもたちと教室で使いたい」と思うものに多々出会います（職業病でしょうか？　すぐ学校のこと、子どもたちのことを思い浮かべてしまいます…笑）。

　市販されている商品には、教室で使えるものがたくさんありますが、ここでは私の一押しアイテム「カチンコ」を紹介します。

![カチンコの写真]

　役割演技や劇の練習だけでなく、写真を撮るときや録画をするときにも「よーい、アクション！」と、監督気分で学級を盛り上げましょう。

　思わず笑みがこぼれること間違いなしです。

　日常使いをするならば、授業の発表場面でユーチューバーになりきって、先生の「アクション！」の一声で発表スタートなど、活躍場面はアイディア次第です。

第 **4** 章

子どもの活動や子ども同士の活動を盛り上げるアイテム！

お楽しみの各種チケット
「お食事券」
「一日旅行券」

QRコードからプリントして使えます♪　ちょっとしたご褒美やお楽しみとして渡して気分を盛り上げます。

★ ご褒美があると、きっともっとがんばれる!

　「お食事券」は、1回だけ優先的に給食のおかわりができるチケットです。「一日旅行券」は、一日だけ好きな席に移動できるチケットです。何らかのポイントがたまった人に渡したり、学級みんなで何か達成したときに全員にどちらか1つ選んでもらって渡したりすれば、次への意欲につながります。

　とっておきのアイテムなので、ここを目指してがんばることに価値がある、そんなチケットです。

材料

QRコードからプリントしたシート

作り方

❶ QRコードを読み取ってシートをプリントします。

❷ 線に沿って切り離します。
　個人にあげるものなら普通紙にプリント。何度も使う場合は光沢紙もしくは普通紙にラミネート加工がおすすめです。

★ どんなときに使うのかしっかり説明をして活用しましょう。

落とし物にならないように、チケットの裏に名前を書いて渡すとよいでしょう。

ラミネート加工しておけば、使ったら教師に戻し、繰り返し使うことができます。その場合もシールなどで記名を。

使い方にちょっぴり気を付けて！

チケットを渡す基準をしっかり決めておきましょう。不平等感が出ないように、そして、うれしいご褒美がトラブルのもとにならないように気を付けます。学年間で基準を統一して、渡すとよいでしょう。

毎日のがんばりをポイントにためる！
がんばりを見える化！ポイントカード

QRコードからプリントして使えます♪　がんばることを決めて、毎日コツコツがんばった分だけポイントをためていくカードです。

★ 目に見えてたまっていくからやる気につながる！

　学級みんなで同じ目標でポイントをためる場合は、「先生に朝、挨拶ができたら1ポイント」などと基準を定めましょう。個人単位で目標を変える場合は、「自主学習を1日1ページやる」「宿題を毎日忘れず提出する」「忘れ物ゼロの日」など、各自で基準を定めましょう。教室にポイントカード用のハンコを置いておき、目標を達成できたら、友達にハンコを押してもらいます。ポイントが増えていく喜びは、次への意欲につながります。

材料

QRコードからプリントしたシート、少し厚めの紙（ケント紙やマット紙など）、教室に常備するポイントカード用のハンコ（小さめのもの）

使い方

❶ QRコードを読み取ってシートをプリントします。

❷ ケント紙やマット紙など少し厚めの紙に印刷機で印刷し、中央の線に沿って切り離します。

❸ 二つ折りなどにして、筆箱やお道具箱にしまっておくように話します。

❹ どんなときにハンコを押すのか説明をしっかりして活用しましょう。

★ ハンコは子どもたちが友達同士で押すのがよいですが、教師の見届けが必要なときもあります。

家庭でのお手伝いにも使える！

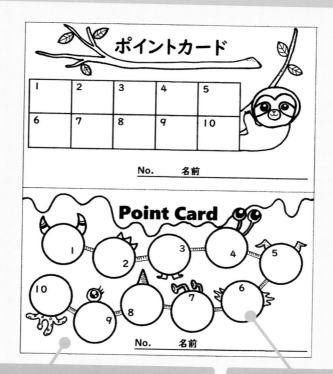

多めに印刷しておき家庭用に持ち帰ってもよいことにすれば「お手伝いできた日」「手洗いうがいができた日」など家庭で活用することもできます。

1枚あたりのポイント数が少ないので、すぐに1枚目が終わるのも「がんばった」感が出ます。

使い方にちょっぴり気を付けて！

あくまでも意欲付けのためのものです。「目標を達成できていないのにハンコを押した」などと言ったり言われたりするトラブルのもとにならないようにします。前向きに取り組むためのものであって、誰かを傷つけるものにならないよう、事前の趣旨説明をしっかりと行いましょう。

みんなをつなげる優しいアイテム
気持ちを伝える ミニミニカード

QRコードからプリントして使えます♪　ちょっとほめたい、ちょっとありがとうを言いたい、ちょっと相談したいときに使います。

★ 子ども、教師、保護者をつないでみんなハッピー

　授業のすきま時間や休み時間などを使って、友達に「ありがとう」「いいね」を伝える小さなカードです。子ども同士はもちろん、お家の方へ感謝の気持ちを伝えるときにも使えます。また、授業参観のときは保護者の方に子ども宛てにメッセージを書いていただくこともできます。

　担任の先生から子どもたちへの「ありがとう」を伝える場合は、1か月で全員に渡すなど目標を決めるのもよいですね。あらかじめカードに子どもたちの名前を全員分書いておけば、誰に書いていないかすぐにわかります♪

材料

QRコードからプリントしたシート、色上質紙

作り方

❶ QRコードを読み取ってシートをプリントします。

❷ 色上質紙に印刷機で印刷します。

❸ 線に沿って切り離して完成♪

保護者の方に子ども宛てに書いていただくことも♡

色上質紙に印刷して切って使います。

相談カードは子ども→教師に向けて使います。

○ **使い方にちょっぴり気を付けて！**

○ 教師がチェックをするものではないかもしれませんが、一度教師が集
○ めて内容を確認してから友達に渡したほうがいい場合もあります。

学級内に置く、どんな手紙も受け入れるポスト

先生に伝えたい♡ なんでもポスト

空き箱に穴をあけてフェルトを貼るだけで完成♪　教室に置いて手紙のやりとりや投票などのイベントで使います。

★ 手紙に思いを託せば言い出しにくいことも言えるかも?!

　よく目にするポストをフェルトでかわいく作ってみました。「先生への要望」や「先生に相談したいこと」も、みんなの前では言い出しにくくても、手紙になら本音で書けるかもしれません。教師の机のすぐ後ろに置いておけば、他の子に見られる心配もありません。このポストがあるだけで、「何かあったら相談できる」という安心感にもつながります。常設せずに、「相談週間」や「みんなに投票してほしいとき」だけ置くのも効果的です。

材料

空き箱（後ろが大きく開くものなら中身を取り出しやすい）、シール付きフェルト（赤・白）、テープ、カッターナイフ

作り方

❶ 空き箱の向きに気を付けて、カッターナイフで投函口を開けます。箱の開ける部分以外は開かないようにテープで固定しておきます。

❷ まわりに赤のフェルトを貼ります（後ろは開けるときのために貼りません）。

❸ 上から郵便マークを白のフェルトで貼り付けて完成。
　学級のマークなどを入れてもよいですね♪

にっこり😊マークは「どんなことも受け止めるよ」のしるしです♡

シール付きのフェルトは、100円ショップでも手に入ります。

中のカードを取り出しやすい箱がおすすめです。

こんなアイディアもあります！

「ありがとう」「相談です」のタイトル入りのミニミニカード（→ P64）を用意しておくと、お手紙を書きたい子や、直接言うのはちょっと恥ずかしい子も、型に合わせて書きやすくなる効果が UP します♡

学級内だけで使えるお金です

会社活動で使おう！
学級内通貨

100円ショップで購入してもよいですし、オリジナルで作成しても
よいです。会社活動のお給料として毎月の給料日に渡します。

★ 基本給プラスボーナスで、友達の役に立つ喜びもGET！

　会社活動（当番活動とは別に、子どもたちが学級をよりよくするために考
え立ち上げる活動）のお給料として使います。毎月の基本給（1人1000円
など）プラスボーナス（学期末などにがんばりに応じて）を、担任から社長
（基本的には会社を立ち上げた人）に渡し、社長が社員に分けるイメージです。
おもちゃのお金ではありますが、働く喜びやみんなの役に立つ喜びを感じら
れるアイテムです。

材料

QRコードからプリントし、切り離したお金

使い方

❶ 子どもたちが会社活動を立ち上げます。

❷ お給料日（毎月25日など）とボーナス月（7月、12月など）を決めます。

❸ お給料日になったら担任から社長にお金を渡します。

❹ 社長が社員にお金を分けます。

★ （会社活動の例）
　　・おそうじ会社　　・クイズ会社　　・生き物会社　　・サプライズ会社　　など

★ 会社の名前も、子どもたちが話し合って決めます。

＊渡邉駿嗣先生（福岡教育大学附属福岡小学校）の実践を参考にしました。

お金を作る「銀行会社」を設立し、お金を作っても!

お金がたまってくると、「先生、このお金何かに使えるんですか」と聞かれるようになります。お金の使い道を、子どもたちと話し合って、みんなが納得する形で使えるとよいですね。

お金の単位は、学級目標や学級通信から言葉をとることも考えられます👍

使い方にちょっぴり気を付けて!

会社活動が「お金のため」だけにならないように、「がんばってくれてありがとうね」「いつも助かってるよ」などと言葉で伝えることも忘れずに♡

みんなの学びを1冊のノートに交代で残していきます
みんなの学びを広げる！ 交換ノート

ノートを1冊用意して、一人ずつ交代で回し、自主学習をしていきます。内容は教科の学習でも端末を使った調べ学習でもOK。

★ みんなの学び方が見えるから、学びのバリエが増える！

「自主学習をしましょう」と言われても、何をすればよいかわからない。そんな子のお助けアイテムです。交代で全員に回していくので、友達の学び方がわかります。自分の番が来たらいつも以上に張り切って取り組む効果も期待できます。保護者の方も見ることができ、「とっても参考になる！」と喜ばれます。中には目からウロコの実践もあり、家庭学習のヒントになること間違いなしです。

材料

ノート（5mmリーダー入りの1cm方眼がおすすめです）、タイトル

使い方

① ノートにお好きなタイトルを貼ったら準備完了♪

② 回し順はオーソドックスですが、名簿順がおすすめです。

★ 毎日回らないかもしれません。滞ってしまうこともあるかもしれません。
　2～3日あいても気長に続けましょう。コツコツが続くコツです！
　長い目で見て、楽しみながら取り組めるとよいですね。

＊上地真理子先生（琉球大学教育学部附属小学校）の実践を参考にしました。

かわいい表紙を選んで授業用のノートと区別しても◎

インパクトのあるタイトルを付けて、みんなの合言葉に♪

はじめのページに、学習内容のヒントを貼って、みんなに優しい心遣いを♡

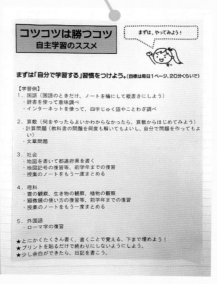

使い方にちょっぴり気を付けて！

内容は何でもいいと言っても、何をやったらいいかわからない子もいます。はじめのページに、学習のヒントとなるものを貼り付けておいてもよいですね。

みんなのがんばりを宝にして増やしていく
みんなのがんばりで
コインを集めよう！

学級のみんなで何か成し遂げたときにコインに記入して掲示していくものです。日付と達成した事柄を書いていくだけで簡単です♪

★ みんなの力を合わせる経験を積み重ねていく！

　個人のがんばりではなくて、ここでは「学級のみんな」で何か達成したときに1つコインを増やして掲示していきます。たとえば「給食の準備の新記録○分○秒！」や「○○の授業で全員挙手達成」など簡単なことでも、全員の協力が必要なので、自然と「がんばるぞ」という気持ちになります。そして達成したときにはみんながうれしい気持ちになって、学級の絆が深まるアイテムです。

材料

コインのイラスト、ラミネート、マジックペン、タイトル

作り方

❶ 「みんなの力を合わせてコインを集めよう！」というタイトルを掲示します。写真のようにイラストをつけると楽しさが伝わる掲示に♪

❷ コインをたくさんプリントしてコインの形に切り取っておきます。

❸ ラミネート加工するとつるつる感が出ます（しなくても大丈夫）。

❹ 何か達成したときにマジックペンで記入して掲示します。

★ 日付を書いておくとよいですよ。

＊マリオブラザーズのゲームからヒントを得て、コインを集める活動を始めました。

20枚ためたら楽しいことをしよう！ など目標を決めても◎

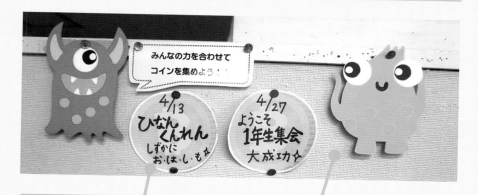

日付を入れて掲示していくことで、みんなの1年間を振り返るアイテムにもなります。

壁にゆとりがあれば写真とともに掲示していっても◎

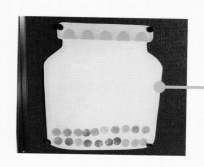

ビー玉に見立てたカラフルなシールを、容器に見立てた台紙に貼っていく方法もあります。これなら割れなくて安心◎

こんなアレンジもできます！

コインでなくても、もちろんOKです。ハートの折り紙を増やしていってもいいですし、ビー玉を容器に入れていく活動もあります。大切なのは、「みんなのがんばり」が目に見えて増えていくことです。

長期休業中の宿題を忘れず取り組むためのアイテムです

宿題チェックも できちゃうぬり絵

絵の中に宿題の項目を書きます。「終わったら色をぬろう」とすることで、ぬり絵を楽しみながら宿題チェックができます。

★ がんばりを認め、ほめ、励ますためのアイテムです！

　夏休みや冬休みは、いつもと違う宿題を出したり、いつもより多くの宿題を出したりします。「課題一覧表」などを作成するついでに、ぬり絵を用意すれば、子どもたちはぬり絵をしながら宿題チェックをすることもできます。「読んだ本を書いてね」「お手伝い何をした？」などという欄も付けておけば、コツコツがんばった子のがんばりを見つけることもできます。

材料

QRコードからプリントしたシート

作り方

❶ QRコードを読み取ってシートをプリントします。

❷ ぬり絵の中に宿題の項目を記入します。

★ 「先生に提出するもの」「自由課題」とカテゴリーごとにふわっとまとめておくとわかりやすいです。「早寝早起き」「朝ごはん」「読書」なども入れておくとよいですね。

❸ 人数分印刷して完成♪

ダウンロードしたシート

子どもたちの好きなキャラクターならもっとやる気に！

提出する宿題がどれなのかすぐわかるようにまとめておくとよいですね。

使い方にちょっぴり気を付けて！

ぬり絵が苦手な子もいます。そんな子にとっては、このぬり絵で「また１つ宿題が増えた…」と思うことになりかねません。「使いたい子はぬって持って来てね」とし、このぬり絵は宿題ではないと伝えておくと、負担にならず取り組めます。

学習で使うものの名前を楽しく覚えよう

学習で使うものはどれ？ミッケ風ポスター

学習で使うものと関係ないものをごちゃまぜにして写真を撮るだけ。
楽しみながら学習用具を探して、名前を覚えることができるアイテム♪

★「えーどこどこ？」みんなで楽しく覚えちゃおう！

　家庭科ではチャコペンシルや裁ちばさみ、理科ではメスシリンダーや解剖顕微鏡…、覚えるべき学習用具がたくさんあります。写真を掲示しておくだけではなかなか見てくれない…。そんな悩みもこれで解決しちゃうかも。学習用具の中に関係ないものまで入っていて、見つけるのが一苦労！　人気絵本『ミッケ』（小学館）からインスパイアされた掲示物です。みんなでわいわい集まって楽しく学べるアイテムです。

材料

学習用具、おもちゃなど学習に関係ないもの、カメラ

作り方

❶ 学習用具と学習に関係のないものを用意します（私は息子のおもちゃを借りました）。

❷ 用意したものをランダムに配置して、高い位置から写真を撮ります。

❸ 撮った写真を拡大プリントします（A3より大きくするのがおすすめです）。

❹ 問題になる文章とともに、掲示します。

★ 長い時間掲示する場合は、裏面の上下左右をガムテープで補強するとよいです。

低学年の子も先取りで覚えちゃうかも！

スペースが許す範囲で、拡大プリントします。家庭科バージョンは家庭科室の廊下に、理科バージョンは理科室の廊下に掲示すると◎

「保護めがねはもう見つけたよね？」「ボルボックスが隠れているよ」などと思わず探したくなる文章とともに掲示するとよいです。

こんなアレンジもできます！

写真データを全員のタブレットに一斉送信すれば、一人ひとりの端末で活動することができます。「気体検知管を見つけた人は立ちましょう」などと授業の導入で活用することもできます。

4年生で学習する都道府県を活用したアイテムです

社会科にも役立つ！
日本列島すごろく

QRコードを読み取ってすぐに使えます。4年生社会科に限らず、都道府県の知識がなくても、隙間時間でできます。

⭐ 日本列島縦断すごろくで、もっと学びを楽しもう！

　日本地図のすごろくは市販されているものも多くありますが、全国各地の特産品や観光地などを調べて作りました。北海道からスタートして沖縄県でゴールです。ルールは普通のすごろくと同じなので、2〜4人で消しゴム（駒の代用）を持ち寄ればすぐにできます。都道府県をまだ学習していなくても、すごろくを楽しむことで、日本列島への興味が深まります。日本各地の良さにも目を向けていってくれたら素敵ですね。

材料

QRコードからA3サイズにプリントしたシート、さいころ1個、消しゴム（人数分）

使い方

❶ QRコードを読み取ってシートをプリントしたら準備完了♪（A3に拡大すると見やすくなります）

★ 2〜4人で集まって駒の代用として消しゴムを用意して楽しみましょう。

家庭に持ち帰れば、家の人と楽しむことも！

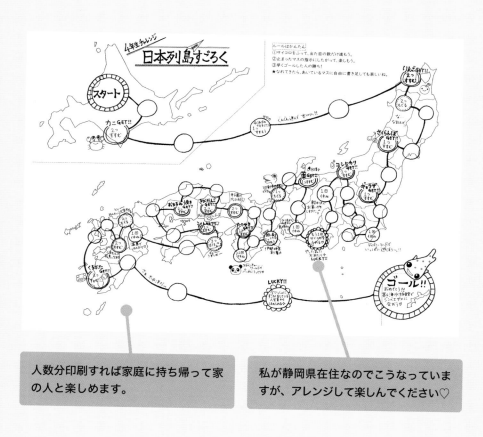

人数分印刷すれば家庭に持ち帰って家の人と楽しめます。

私が静岡県在住なのでこうなっていますが、アレンジして楽しんでください♡

こんなアレンジもできます！

「自分たちですごろくを作りたい！」という子が出てくるかもしれません。その場合は、白地図を渡して作ってもらいます。友達同士で楽しめたら最高ですね♪

学期はじめに、担任の願いをミニカードに込めて
探して楽しい！
宝さがし

子どもたちに伝えたい言葉や教師が大切にしている言葉を書いた小さなカードを宝さがしするゲームです♪

★ 探して楽しい！　掲示にも使えて一石二鳥

　学期はじめ、いろいろと子どもたちに伝えたいことはあるけれど、あれこれ話すよりゲーム感覚で、先生の伝えたい思いや大切にしている言葉を伝えてみませんか。カードを探すのも楽しめて、見つけたカードは教室掲示したり、「今週はこれ！」のように１枚ずつ目標として継続活用したりすることもできます。

材料

折り紙、マジックペン

使い方

❶ 折り紙をハート型（星形なども）に切って、子どもたちに伝えたい言葉や大切にしたい言葉を書きます。

❷ 小さく折り畳んで、教室のいろいろな場所に隠します。（前日までに）

❸ 子どもたちにカードを探してもらいます。

❹ 見つけたカードを開いて黒板に貼りに来てもらいます。

❺ 全部見つけたら、みんなで１枚ずつ読んで確認してもよいですし、数が多ければ抜粋してもよいです。

❻ そのあとは教室掲示したり、目標にしたりします。

★ 隠した場所を忘れてもきっと子どもたちが探してくれます。

教室掲示に使えば教室が一気にカラフルに！

低学年用と高学年用の２種類
作っておけばどの学年の担任
になっても毎年使えます♪

３学期ならお正月気分でおみくじを付けても♪

こんなアレンジもできます！

３学期なら裏面におみくじを付けても楽しいです。完全におまけのお
みくじなので、吉以下はなしにして、「ラッキーパーソンは担任の先
生！」などとユーモアを交えるとよいでしょう。

学期はじめ、久しぶりに会った友達と話すためのアイテム

夏休み明けに楽しむ 思い出ビンゴ

ビンゴ形式で「ビンゴになったら座ろう」「3ビンゴにしよう」など、使える時間に応じてアレンジして活動できるアイテムです。

★ 初日の隙間時間で手軽にできて学校モードに♪

　学期はじめ、「友達とお話したい」。そんな気持ちを満たしてくれる活動です。初日は宿題を集めたりプリントを配付したりと慌ただしいですが、10分でも楽しめます。「○○した？」に友達が「はい」と答えてくれたら（　）にサインをしてもらいます。教師も一緒に活動し、「サインがもらえなくて困ったときは先生のところへおいで」と伝え、教師は「はい」の一択でお助けマンに。友達との会話で一気に緊張がほぐれ、学校モードスイッチが入る効果もあります。

材 料

QRコードからプリントしたシート

使い方

❶ QRコードを読み取ってシートをプリントし、人数分印刷します。

❷ 子どもたちは鉛筆を用意して自由に出歩いて、出会った友達とじゃんけんをして、勝った人から質問します。

❸ 質問に対して「はい」の答えがもらえたときだけ、サインをしてもらいます。「いいえ」のときは残念、サインはもらえません。

❹ 続いて負けた人も質問をして❸と同じようにします。

❺ ペアを変えて、繰り返します。時間で区切って終わりにします。

家に持ち帰って、友達の話題が出れば保護者も安心

夏休みビンゴ

名前（　　　　　　　　　）

☆ルール☆
2人でじゃんけん→勝った人から質問をしよう
→あてはまったら、（　）に名前を書いてもらおう
★全部のますを、全部ちがう友達でうめよう。
★時間内にいくつビンゴになるかな？

すいかを 食べた？ （　）	花火を した？ （　）	バーベキュー をした？ （　）	外で遊んだ？ （　）	読書をした？ （　）
宿題は 終わった？ （　）	昼ねをした？ （　）	セミの抜けがら を見つけた？ （　）	かき氷を 食べた？ （　）	絵を かいた？ （　）
せんぷうきの 前であーーと 言った？ （　）	自主勉を した？ （　）	★★★	お手伝いを した？ （　）	夏の練習帳 は終わった？ （　）
ヒマワリを 見た？ （　）	セミのなき声 を聞いた？ （　）	アイスを 食べた？ （　）	何か 運動をした？ （　）	友達と 会った？ （　）
映画を見た？ （　）	水遊びを した？ （　）	ラジオ体操を した？ （　）	そうめんを 食べた？ （　）	虫を 見つけた？ （　）

夏休み中に遠くへお出かけしていない子も大丈夫。みんなに優しいビンゴになっています。

その日のうちに家に持ち帰るようにします。「ビンゴしたの？」「うん、○○さんは毎日アイス食べたんだって！」などと家庭で友達の話題が出る糸口になるとよいですね。

こんなアレンジもできます！

ビンゴと名乗っていますが、必ずしもビンゴにする必要はありません（笑）。ビンゴを目指してもよいですし、コンプリートを目指しても。使える時間に応じてアレンジしましょう。この子はこの質問なら「はい」の答えがもらえそうかもなどと予想しながら取り組むところにも面白さがあります。

毎日1つずつ書き加えて、学級の成長を可視化するアイテム
学級の成長が見える！アドベントカレンダー風掲示

クリスマスツリーの台紙に、子どもたちが描いたイラストを貼って日付を書けば完成♪ 2学期末にモチベーションを上げる掲示物です。

★ 毎日めくって笑顔になるアイテムです

　毎日めくってクリスマスまでの日々をカウントダウンするアドベントカレンダーの真似っこをして、こちらは、毎日の成長（素敵なこと）を書き込んで、2学期の終業式までの日々の成長を認め合うアドベントカレンダー風掲示物です。子どもたちと一緒に作る過程も楽しみましょう。毎朝「昨日の成長は何かな」とめくって、笑顔になる掲示物です。

材料

色画用紙、丸シール

作り方

❶ 緑色の色画用紙でクリスマスツリーの形に切り、台紙とします。

❷ 色画用紙を丸く切ったミニカードを、カウントダウンを始める日から終業式までの日数分用意し、子どもたちに配り、絵を描いてもらいます（全員がカードに絵を描くことができるように、日数を調整するのもよいですね）。ミニカードには日付を書いておきます。

❸ ❷の上部にのりを付け、バランスを考えながら❶に貼り、いちばん上に星の形に切ったタイトルを付けます。

❹ 丸シールなどで全体を飾ってできあがり。

みんなの成長が感じられて、もっと学級を好きになる!

カードに日付を書いておきます。

小さなカードなので、ちょっとした隙間時間に絵を描くことができます♪

ミニカードをめくると、その日の成長を見ることができます。小さなことでも、価値付けることが大切♡

こんなアレンジもできます!

日々の素敵なことは、教師が書いてもよいですし、子どもたちが書いてもよいです。ミニカードの絵を描いた子が決めたり、当番の子が書いたり、帰りの会などの時間にみんなで決めたりしてもよいですね。

学期はじめに、久しぶりに会った友達と楽しもう

学期はじめに みんなですごろく

QRコードを読み取ってすぐに使えます♪　駒の代わりに消しゴムを用意して、3〜4人のグループで楽しみましょう。

★ 久しぶりの学校もすごろくで「楽しいな」と思えれば最高

　学期はじめ、久しぶりの先生、久しぶりの友達。さまざまな思いで登校してくる子どもたちに、何か1つでも楽しい活動を、という思いで作りました。駒の止まったところが「早口言葉」や「みんなでももあげ」のような思わず笑っちゃうものから、「先生にあいさつしよう」といったものまで。見ているだけでこちらも笑みがこぼれ、きっと素敵な学期のスタートになります。

材料

QRコードからA3サイズにプリントしたシート、さいころ1個、消しゴム（人数分）

使い方

❶ QRコードを読み取ってシートをプリントしたら準備完了♪（A3に拡大すると見やすくなります。）

★ 3〜4人で集まって消しゴムを用意して楽しみましょう。

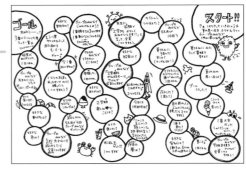

夏休みバージョン→

印刷して持ち帰れば学校の話題で盛り上がる！

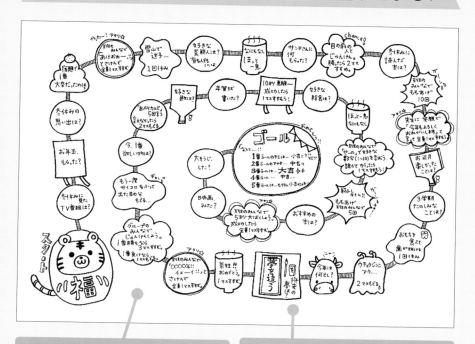

班のみんなで声をそろえて盛り上がり、学期はじめの教室が明るい笑顔でいっぱいに♡

初日の学級通信の裏面などに印刷して家庭に持ち帰れば学校の話題で盛り上がり思い出し笑いしちゃうかも♪

使い方にちょっぴり気を付けて！

「どこかへ旅行した」「楽しい冬休みだった」という前提でなく、誰でも答えやすい選択肢にしてあります。答えにくい質問は強要せず、みんながもっと仲良くなるためのアイテムであることを説明してから行うとよいでしょう。

3学期はじめ、願い事やなりたい自分の姿を思い描く

3学期のスタートに ぴったり！ 絵馬に願いを

図画工作の時間、色画用紙で絵馬風のカードを作り、願い事を書いて穴にひもを通し教室に吊るせば、お正月気分とともに意欲もUP♡

★ 今年もがんばるぞと心機一転の効果あり

3学期がスタートし、「3学期のめあて」を書くときに、絵馬の形に切った用紙に書くだけで、いつもと違った気分を味わえます。新しい年のはじめの雰囲気を味わって、新しい気持ちでがんばるぞという意欲を高める効果もあります。お正月の話や十二支（干支）の話もするのもよいですね。3学期はじめの図画工作の時間に絵馬からみんなで作れば、一人ひとりの個性を出すこともできます。

材料

色画用紙、千代紙、和柄のシール、ひも（毛糸やモールでもOK）、穴あけパンチ

作り方

❶ 色画用紙を絵馬の形に切ります。

❷ 干支の動物の形を色画用紙で作って貼ります。直接描いてもOK。

❸ 千代紙や和柄のシールを貼って絵馬を飾り、願い事を書いたら完成。

❹ 上部に穴を開けてひもを通して、教室に吊るします。

新学期早々、教室が一気に華やかに!

お正月らしい BGM をかけながら作業すれば、落ち着いた雰囲気に。

直接絵を描けば低学年でも楽しく作れます。

こんなアレンジもできます!

学年単位で取り組んでもよいですし、特別活動主任や児童会担当の先生方と連携をとれば、学校単位で取り組むこともできます。学年単位なら廊下に、学校単位なら昇降口などに掲示することもできますね。

大物ですが、毎年使えるアイテムです
季節の行事を楽しむ
顔はめパネル

作るのが大変なので時間と余力がある人向け！ 1年に1回しか使わないアイテムですが、みんな喜んで顔を出します！

★ イベントをみんなで楽しんで、思い出を増やしたい♪

　子どもは行事やイベントが大好きです。近年はさまざまな制約もあり、学校で食べ物を食べたり家から何か持ち寄ったりしてイベントを楽しむことも難しくなりました。そんなときにこのアイテムがあれば、少しでも季節感を味わうことができ、友達と盛り上がって写真を撮り合う姿も見られます（宗教的な観点からも、各イベントについてはよく吟味して活用してください）。各地の顔はめパネルが楽しくてそこからヒントを得ました。

材料

段ボール、色画用紙、カッターナイフ、丸皿、両面テープ

作り方

❶ 段ボールを広げて下書きをします。

❷ 色画用紙を切って貼り、デザインを作ります。

❸ 顔を出す穴を開けたい位置に顔の大きさくらいの丸皿を当てて、その周囲をペンでなぞり、その円に沿ってカッターナイフで穴をあけます。

❹ 自立させるには、裏側に支えとなる部分を作ります。

★ はさんで吊るすタイプの支柱があれば、自立させなくても大丈夫。

映え写真を紹介すると保護者の方にも喜ばれます♪

自立させるには裏側に三角形の支えを段ボールで作ります。

顔はめの穴を2つあけておけば1人ではちょっと恥ずかしい子も友達と2人1組になって楽しめます♪

穴の位置が低いと顔はめしにくくなるので注意！

こんなアイディアもあります！

撮った写真は通信に載せれば保護者の方にも見ていただくことができます。年度末の思い出ムービーに使うこともできて、記念の1枚になること間違いなしです。

保護者会で使えるアイテム！

　１年間に３回程度、保護者会（私の自治体では「学級懇談会」と呼ばれています）が予定されているのではないでしょうか。
　私は、
１学期　学級担任あいさつ、学級経営方針を語る
２学期　保護者同士の交流
３学期　思い出ムービーとともに思い出を語る、感謝を述べる
このように構成することが多いです。

　ここでは、２学期の保護者同士の交流で使えるアイテムについて紹介します。近くの方と小グループになって、さいころトークをするときに使う「ビッグサイズのさいころ」です。
　100円ショップでも売られている大きめのさいころを用意します。お題を６つ考え、色画用紙などに書いて、さいころの面の大きさに合わせてカットし、各面に貼り付けたら完成♪
（お題の例）
・子どもに関すること（子どもの長所/かわいいところ/最近はまっていること）
・保護者の方に関すること（趣味/好きな有名人/好きな食べ物）

　保護者会は教師にとってもドキドキする行事ですが、保護者の方も緊張して来校されます。数人のグループでお話することで保護者の方の緊張がほぐれ、「来てよかった」と思われることもあります。
　保護者同士のつながりの機会を作り、保護者の方の笑顔が増えれば、それもまた子どもたちの笑顔につながっていきますね。

第 5 章

子どもへの
想いをかたちに

小	乗車券・新幹線特急券 　＊＊＊＊＊＊＊

■■■■■■■ …乗車券 当日限り有効

4年生 ➡ 5年生

3月16日(11:30発)　　　4月6日(8:00着)

のぞみ 39号　　全席禁煙　4号車 1番 E席 🚭

¥37,115　　内訳:感謝、愛　37,115

3939

途中下車無効

4. 3-16　　駅KK(MY-ミ)　　　　　5110

本や教科書にはさんで使える、便利でかわいいアイテム
がんばったね！ のしるしに かわいいしおり

色画用紙でパーツを作成し、ラミネート加工してモールやビニタイを通せばしおりのできあがり。ご褒美として学期末などに渡しても♪

★ いろいろなしおりを集めて毎日使ってテンション UP！

　ポイントをためたご褒美や、学期末の「がんばったね！」のしるしに、何かプレゼントしたいなぁ…というときにおすすめです。しおりなら学校でも使えますし、いくつあっても困りません。ハンドメイドが得意な方は月ごとに作成する（4月は桜、5月はこいのぼりなどのように作成する）と、毎月集めたくなるアイテムになります。子どもたちの励みになるものになればうれしいです。

材料

色画用紙や折り紙、ラミネート、穴あけパンチ、モールやビニタイ

作り方

❶ 色画用紙や折り紙を使ってパーツを作成します。
　（パーツ例）
　・昆虫や恐竜　・動物　・フルーツ　・季節の行事に関連するもの
★ きれいな包装紙や柄のある折り紙なら、長方形に切るだけでOK。
❷ ラミネート加工して、上部に穴をあけます。
❸ モールやビニタイを通して完成♪

教科ごとに集めたくなる！

昆虫や恐竜が好きな子に♪ 切り紙なら簡単です。

ラミネート加工すると角がとがって危いので角を丸く切っておきます。

100円ショップで購入した折り紙を重ねて、マスキングテープでデコ♡

こんなアイディアもあります！

私は、中身のパーツをフリマアプリで購入することもあります。自費での購入にはなりますが、完成度が高く、時短につながります。掲示物にフリマアプリを活用することもあります。「壁面　ハンドメイド」などと検索すると探せます。

お誕生日に心を込めた手作りアイテムを

世界に1つだけの
お誕生日ケーキ

スチレンボードを重ねたものをデコレーションケーキに見立て「誕生日おめでとう」と渡します。子どもたちが喜ぶこと間違いなしのアイテムです♡

★「あなたが大切」その気持ちを形に

　お誕生日は大切にしたい日です。学校が休みの日にお誕生日を迎える子もいるため、その日ごとにお祝いするのは正直難しいので月ごとにまとめておめでとうの会を開いてもよいですね。また、そういった会がなくても、このケーキをプレゼントすれば一気に誕生日気分が盛り上がります。細かい部分も丁寧に作るとどの角度から見てもかわいいケーキができあがります。

材料

スチレンボード、ビーズ、レース、ボール紙、カッターナイフ、接着剤
（スチレンボードもボール紙も100円ショップで手に入ります）

作り方

❶ スチレンボードを丸く切ります。直径6㎝を2個と直径4㎝を1個。

❷ 直径6㎝の2枚の円の間にビーズをはさんで接着剤で貼ります。
　（赤いビーズならイチゴに見立てることも）

❸ ❷のまわりにレースを貼ります。

❹ ❷の上にビーズをのせ、その上に直径4㎝の円を重ねます。

❺ 一番上にビーズや葉の形の飾りなどをのせます。

❻ できあがったものをボール紙などの土台に貼り付けて、名前やメッセージを直接ボール紙に書いても、シールに書いて貼ってもOKです。

写真映えする、ほめられアイテム♪

スチレンボードの間にビーズをはさんで高さを出します。

日付と名前を入れてプレゼント♪

丸く切ったスチレンボードを重ねて、3段ケーキに見立てます。

こんなアイディアもあります！

色紙に手形と写真、そして先生のコメントを入れれば立派なお誕生日カードのできあがり♪ 見栄えのいいものを作ることが大切なのではなく、そこに気持ちが込められていれば、その気持ちは必ず伝わります。

記念日や合格のしるし 免許風カード

許可証や合格証として1人ひとりに渡します

QRコードを読み取ってアレンジし、写真を貼るだけ♪　二分の一成人式などの記念日や、九九などの合格証としても使えます。

★ アレンジ自在♪　隠された暗号に愛をこめて

　よ〜く見ると、暗号が隠されているカードです。番号のところは「37415＝みなよいこ」。有効期限も工夫次第で楽しめます（九九の合格証に使うのであれば「九九を忘れない限り有効」になりますね）。隠された暗号を探すのに盛り上がります。家に持ち帰ってお家の方が暗号に気づくことも。写真データを追加してから厚めの光沢紙に印刷すれば、さらに本物に近づきます。

材料

顔写真や似顔絵、QRコードのデータ、厚めの光沢紙

作り方

【手書きで文字を追加する場合】

❶ QRコードを読み取って、厚めの光沢紙などにプリントします。

❷ 空欄になっている部分（氏名など）に文字を書き加えます。

❸ 写真の部分に写真や似顔絵を貼ったら完成♪

【パソコンで仕上げる場合】

❶ QRコードを読み取って、データを画像として保存します。

❷ Wordなどの文書作成ソフトを開き、❶を貼り付けます。

❸ ❷にテキストボックスなどで文を追加し、写真も貼り付けます。

❹ 厚めの光沢紙などに印刷して完成♪

本物そっくりだから、「その気になる」アイテム！

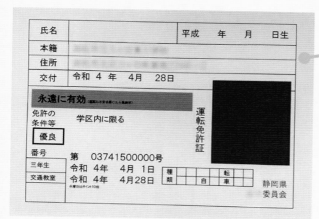

氏名			平成 年 月 日生	
本籍				
住所				
交付	令和 4 年 4月 28日			

永遠に有効 (運転に不可欠な愛こころ尽数年)

免許の条件等	学区内に限る
優良	

番号	第　03741500000号
三年生	令和 4年　4月 1日
交通教室	令和 4年　4月28日

運転免許証

種類	自	転車

静岡県委員会

> これは、3年生の交通教室で自転車の練習をした後に渡した免許カードです。

> これは、4年生の二分の一成人式で夢を語った記念日に渡したカードです。

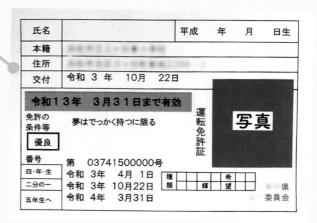

氏名			平成 年 月 日生	
本籍				
住所				
交付	令和 3 年　10月　22日			

令和13年　3月31日まで有効

免許の条件等	夢はでっかく持つに限る
優良	

番号	第　03741500000号
四・年・生	令和 3年　4月 1日
二分の一	令和 3年　10月22日
五年生へ	令和 4年　3月31日

運転免許証

写真

種類	輝	希	望

●●●県委員会

使い方にちょっぴり気を付けて！

本物そっくりにしたくてこの形を作りましたが、本籍、住所は学校の住所を使ったり、写真の代わりに似顔絵を貼ったりして個人情報の扱いには十分気を付けましょう。

進級おめでとう、の気持ちを込めて
新学年おめでとう！「進級切符」

QRコードを読み取ってアレンジするだけ♪　1年間の最後の日にプレゼントします。びっくり＆喜んでくれること間違いなしです。

★ アレンジ自在♪　隠された暗号に感謝と愛を込めて

　新幹線の特急券そっくりの「進級おめでとう切符」です（何年も改良を重ねて、この形にたどり着きました！）。修了式が出発時刻、そして次年度の始業式が到着時刻です。よ〜く見ると、暗号が隠されています。金額は「37115＝みないいこ」、内訳は「感謝、愛」、「3939＝サンキュー」、「5110＝ファイト」です。暗号に触れなくても、暗号に気づく子もいますし、家の方が気づくことも。マット紙に印刷すれば、さらに本物に近づきます。

材料

QRコードのデータ、厚めのマット紙

作り方

【手書きで文字を追加する場合】
❶ QRコードを読み取って、厚めのマット紙などにプリントします。
❷ 空欄になっている部分（日付など）に文字を書き加えて完成♪
【パソコンで仕上げる場合】
❶ QRコードを読み取って、データを画像として保存します。
❷ Wordなどの文書作成ソフトを開き、❶を貼り付けます。
❸ ❷にテキストボックスなどで文を追加します。
❹ 厚めのマット紙などに印刷して完成♪

通知表にさりげなくはさんでも♡

小	乗車券・新幹線特急券 ＊＊＊＊＊＊＊

■■■■■■ ・・・乗車券　当日限り有効

4年生 ➡ 5年生

3月16日（11:30発）　　　　4月6日（8:00着）

のぞみ　39号　　全席禁煙　4号車　1番　E席　🚭

¥37,115　　内訳:感謝、愛　37,115

3939

途中下車無効

4.3－16 ●　駅 KK(MY-ミ)　　　　　　5110 ●

> 新学期にこの切符を持ってくる子もいます！「進級おめでとう」と伝えます。

> このようなちょっと特別なプレゼントは学年の先生方と相談してからが◎

こんなアイディアもあります！

この超忙しい時期にこんなことしている場合じゃないのですが、切符に限らず、おそろいバッジやお手紙、折り紙、お守りなど、進級おめでとうの気持ちを形にできたら素敵ですね（でも無理せず）。

思い出ムービーの作り方

1年間を笑いと涙で振り返るムービーを簡単に作る！

思い出ムービーをPowerPointで作ります。学級で観たり保護者会で観たり、使い方は何通りも♪

★ 一度作成すれば、様々なシーンで使えます

　日々、学校行事や子どもたちの日常写真を撮っている先生方もいらっしゃるのではないでしょうか。せっかく撮影した写真を、最後にまとめてみませんか。PowerPointなら特別な技術なども不要で、写真だけでなく動画や著作権フリーの音楽を挿入することもできます。

材料

PowerPoint、写真データ、音楽データ（著作権フリーのもの）

作り方

❶ PowerPointのスライドに写真データを貼り付けていきます。

❷ 「画面切り替え」を自動（3〜5秒）に設定します。

❸ 「挿入」→「オーディオ」から、音楽データを挿入します。

❹ 「挿入」→「テキストボックス」からテキストを入れます（「1学期」や「4月」のようにタイトルを入れてもよいですし、写真の上に入れても。ただ全部のページに入れようと思うと大変です）。

❺ エンドロールで子どもたちの名前を入れると素敵です。

❻ 最後に「ファイル」→「エクスポート」→「ビデオの作成」から、ビデオ形式で保存すれば、デバイスに縛られず、動画として再生できるようになります。

保護者会などで上映すると喜ばれます♪

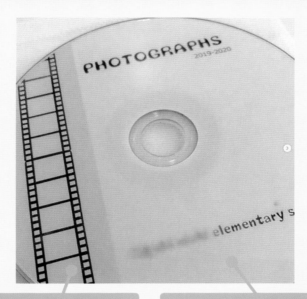

最後に DVD に焼いておくと教師にとって宝物になります！

写真をじっくり見て欲しいから画面切り替えやアニメーションなどはできるだけシンプルなものに♪

思い出の写真を入れて

プレートなどもよい思い出に

こんなアイディアもあります！

集合写真や行事の写真だけでなく、給食や朝の会、帰りの支度などの日常写真を入れるのがおすすめです。最初や最後に、学級表示のプレートや誰もいない教室、教室の掲示物を入れても思い出になります。

1年間の最後の日に全員に渡したい

クラス全員への「ベストメンバー賞」

集合写真に一言添えてプリントしたら、通知表などとともに子どもたち全員に渡します。忙しい中でも何かしたい、という先生に。

★ 全員同じ賞状だから作成簡単♪

「年度末に何か賞状を」「でも一人ひとりにどんな賞がいいのか」「時間もなかなかない」という方にめちゃくちゃおすすめしたいアイテムです。集合写真さえあればできます。全員同じものですが、「ベストメンバー賞」という賞状のタイトルには、「最高の学級だったね」「みんな最高に素敵だよ」という意味が込められていて、みんな幸せな気持ちになること間違いなしです。

材 料

集合写真データ、光沢紙（A4で2人分）

作り方

❶ 集合写真データを用意します。

❷ 賞状の枠になるものをフリー素材から探しタイトルや文字を入れ、集合写真データを添付します。

❸ 光沢紙などにプリントすれば完成。

全員が平等にもらえるおそろいアイテムだからうれしい！

BEST MEMBER 賞

あなたたちは、この一年間、友達を思い、ともに協力し合い、助け合いながら生活することができました。すばらしい絆をたたえ、ここに賞します。2年生になっても、その優しい心を大切にしてください。

令和2年3月18日　　　　1−1　　　　　　　1−2

人数が少なければ学年の集合写真でも可能です♪

担任の名前を入れます

使い方にちょっぴり気を付けて！

集合写真を使うときに、全員写っているか、前の子に隠れてしまっている子や目をつぶっている子はいないか、確認をしましょう。子どもたちのために作ったものが、誰かを傷つけるものにならないように。

卒業式の黒板

卒業式の日、予定黒板に書くメッセージのアイディアです

予定黒板に子どもたちの明るい未来予想を書いて、卒業式当日の朝、
教室に入ってきた子どもたちにサプライズプレゼント！

★ メインの黒板に書ききれないメッセージを予定黒板に

　きれいに飾られたメインの黒板の横にある予定黒板に、子どもたちの明る
い未来を描いてみませんか。「1時間後の最高の卒業式」からスタートし、「5
年後の青春を謳歌」するところまで。持ち物や宿題もしっかりあります。式
当日の朝、子どもたちは緊張した面持ちで教室に入ってきて、いつもと違う
予定黒板を一生懸命見ることでしょう。子どもたちへの愛をここにたっぷり
詰め込んでください。

材料

特になし

作り方

❶ 予定黒板の数字に合う未来予想を考えます。
❷ 黒板に丁寧に、気持ちを込めて書き込んだら完成。

今日からがスタート！・・・未来をずっと応援しているというメッセージです

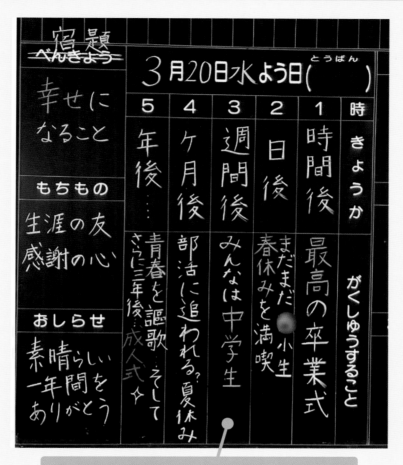

宿題 べんきょう	5	4	3	2	1	時
	年後…	ケ月後	週間後	日後	時間後	きょうか
幸せに なること						
もちもの	さらに三年後…成人式 ☆	青春を謳歌、そして	部活に追われる?夏休み	みんなは中学生	まだまだ小生 春休みを満喫	最高の卒業式	がくしゅうすること
生涯の友 感謝の心						
おしらせ						
素晴らしい 一年間を ありがとう						

３月20日水よう日（　とうばん　）

明るい未来を想像できるよう前向きな言葉でいっぱいに♡

こんなアイディアもあります！

卒業式当日の朝は、教室に BGM も流しておくとよいですね。気持ちを高めて、卒業式会場へ胸を張って入場できますように。

入学や進級をお祝いする掲示物

入学・進級おめでとう！の掲示

太陽に向かって飛ぶ飛行機と花束を表現して特別感のある掲示に♪
4月から使う学年へ、教室ごとプレゼント！

★「よくある掲示物」から「思わず目に留まる掲示物」に

　2年生が1年生に贈る掲示物としておすすめ。廊下や通路など、面積の広い部分を華やかに演出できます。また、「なんでも聞いてね。わたしたちが2年生だよ」などとタイトルを付けて、紙飛行機の上に2年生の似顔絵を乗せれば、1年生にとって親近感のある掲示物になります。お花紙の貼り方や花束の立体感で、思わず立ち止まって見入る掲示物に♪

材料

お花紙、折り紙、色画用紙、水色の模造紙（2枚）、リボン、セロファン

作り方

❶ 赤、オレンジ、黄、ピンク、黄緑、青のお花紙で花を作り、模造紙の左上にカーブさせながら貼ります。お花紙はぎゅうぎゅうに詰めて貼るときれいに仕上がります。

❷ 色画用紙を切って花を作り、右側に花束のように貼ります。このとき、花束の包み紙と持ち手部分にセロファンやリボンを使うと立体感が出ます。

❸ 折り紙で紙飛行機を折って貼ります。紙飛行機の真ん中だけ画鋲で留めると羽根が浮いて立体的に。紙飛行機に子どもたちの似顔絵を貼るのもよいですね。

❹ タイトルの文字を貼ります。パソコンで文字を打ち出して、色画用紙と重ねて切るときれいです。

＊参考文献：『すぐできる小学校壁面構成アイデア帳』阿部肇／石川悦子監修　十亀敏枝著
（民衆社、1999年）

入学式後の親子での写真スポットにも！

カーブさせながら、ぎゅうぎゅうに
詰めて貼るのがポイント！

花束のカバーにセロファンを使った
り持ち手をリボンにしたりすると立
体感が♪

タイトルの文字は、好きな字
体を使ってパソコンで大きく
打ち出して、重ねて切るとき
れいです。これは円形に切っ
た色画用紙に文字を貼り、そ
のまわりにクラフトパーツを
貼ってあります。

こんなアレンジもできます！

太陽や花束部分は、別の模造紙に貼ってその部分だけ保管してまた使
うことができます。お花紙は重ねるとつぶれてしまうので、模造紙に
貼ったまま日陰で保管します。

子どもたちに伝えたい思い

　私が学級経営をする上で大切にしていることをいくつかご紹介します。

＊朝の会で「伝える」
　朝の会は落ち着いていて、一番思いを伝えやすい時間だと思っています。連絡事項だけでなく、ちょっといい話や素敵な言葉、伝えたい気持ちを伝えるように心がけています。
　この時に話した言葉を掲示に使うこともあります。

＊写真をたくさん撮る
　どんな日でも、同じ日は二度ときません。同じ笑顔を見ることはできません。だからできる限り私はカメラを持ち歩き、たくさん写真を撮ります。撮った写真は、掲示したり通信に載せたり思い出ムービーにしたりと、何度も活用することができます。

＊「大好き」を伝える
　言わなくちゃ伝わらない！のです。何年生にでも、何度でも伝えたい思いです。ちょっと恥ずかしいですけれどね。

　学級経営の軸となるものは、人それぞれです。子どもたちに思いを伝える手段も人それぞれです。そこに気持ちが込められていれば、思いは必ず、伝わります。
　温かい気持ちは、あげる人ももらう人も幸せな気持ちになりますね。子どもたちも先生方も、幸せでありますように。

第 6 章

映える！　かわいくなる！
ワンポイント＊テクニック

よくあるお花紙が「映える」アイテムに
お花紙テクニック

各学校に必ずあるであろう「お花紙」、昔から長く使われてきた「お花紙」がちょっとした工夫で「映え」アイテムに。

★「どうやって作ったの?」ほめられお花紙テクニック

① **色は同系色でまとめるときれいに!**
カラー豊富なお花紙です。薄いピンク、濃いピンク、サーモンピンク、ペールオレンジなど、似ているけれどちょっと違う色を近くに寄せて貼ると掲示に統一感が出ます。

② **サイズを2種類用意すると立体感が!**
普通サイズのお花紙と、半分に切ったお花紙の2種類を用意すると、掲示したときに大きなお花と小さなお花が見えて、立体感が出ます。

③ **お花の中央部分を作るとより華やかに!**
普通サイズのお花紙の上に小さいサイズのお花紙を重ねて蛇腹折りし、ゴムなどで束ねてから開くと、お花の中央部分ができます。

④ **先端を切ると花びら感が出る!**
蛇腹折りをしたら、開く前に両端を切ると花びら感UP。
ななめに切ったり丸くしたり。

普通サイズ

半分サイズ
をまぜると
立体的に♪

⑤ **多めの枚数を使うとよりゴージャスに！**

通常は5枚程度とされていますが、8枚〜10枚くらい使うとゴージャスになります。厚くなると開くのが大変になりますが、開きながら破れてしまっても意外と目立ちません。

⑥ **詰めて貼るときれいに見える！**

とにかくぎゅうぎゅうに詰めて掲示するのがポイント。

⑦ **掲示物のまわりや隅っこに貼ると映える！**

模造紙のまわりを縁取ったり、隅っこを三角形に飾ったりすると、映えます。

100円ショップへ行くと、珍しいお花紙の色、質感の違うお花紙の素材（ちょっとパリパリしていたりします）に出会えます。文具店には、ギンガムチェック柄などのお花紙もあります。

同系色のお花紙を大小まぜて詰めて貼るとゴージャス！

掲示板の隅に三角形になるようにぎゅうぎゅうに詰めると華やかに♡

ちょっとした工夫で、ちょっぴり映える♡
立体掲示テクニック

教室の掲示物に立体感を出したい方へ。

⭐ ちょこっと立体テクニック

① **教室の凸凹を利用すると立体的に！**

梁の部分に掲示するだけで他の掲示物より浮いている感じになります。

> このちょっと高くなった部分に掲示するだけで、立体感が出ます。

② **二つ折りで簡単に立体感が出る！**

二つ折りにして、真ん中1か所だけ画鋲で貼ると、ちょっと立体感が出ます。ハートは二つ折りにした状態でカットして、開くと自然と立体感が出るのでそのまま掲示に使います。

③ **コンパスカッターで立体的なお花がすぐできる！**

コンパスカッターで3種類の円を用意して二つ折りにして貼り合わせるだけで立体的なお花ができます。（コンパスカッターは100円ショップで購入できます）

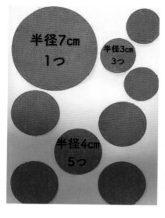

半径7cm
1つ

半径3cm
3つ

半径4cm
5つ

半径7cm
を1つ、
半径4cm
を5つ、
半径3cm
を3つ用意
します

一番大きい円以外の円を半分に折ります

半径7cmの上に半径4cmの円を五角形にならべます
折り目の向きに注意

真ん中に3cmの円を三角形に並べます

たくさん作って貼ると華やかに♡

④ **ひもに吊るすとかわいさUP！**

麻のひもにウッド調の洗濯ばさみを使うと、立体感も出ますし、かわいらしい掲示になります。

お知らせの紙や子どもが作った掲示物を吊るすだけで簡単♪

ラクして楽しく！
時短テクニック

少しでも時短になるものを…でも、かわいさや華やかさをあきらめたくない!! という方へ。

★ ちょこっと時短テクニック

① **パーツをたくさん用意しておくとすぐ使えて便利！**

ハートや星、葉っぱの形も使えます。同じ形に切ったものを少しずつ色を変えながらたくさん用意しておくと掲示に使えます。

② **パーツを購入すると楽チン♪**

かわいいな、作ってみたいなと思っても、時間がない…。

そんなときは、パーツをフリマアプリなどで購入します。ラミネート加工すれば毎年使うことができます。

③ **二度三度おいしいものにすると時短感がUP！**

授業で使ったものを掲示にも使う、隙間時間に子どもが作ったものを掲示に使うなどすると効率UP♡。

宝探ししたカード（P81）を掲示に使う、道徳で黒板提示したイラストを教室掲示する、おめん（P57）に使った教材の登場人物を掲示に使うなど、時短アイディアがあります。

どうしてもこだわってしまう…
こだわりテクニック

こんなことしている場合じゃないのに…ついこだわってしまうという方必見。

⭐ こだわりたい！あなたへ

① **フォントにこだわる**

教室に掲示するものだから、お気に入りのフォントに囲まれていたらきっと幸せ。UDの観点からもフォントは大切です。統一感があるとよいですね。

② **色使いにこだわる**

くすみカラーで統一する、カラフルなコーナーを作る、ベースカラーを決めておくなど教室のカラーを年度初めに決めておくとブレずに掲示計画が立てられます。

③ **かわいくする？ かっこよくする？**

掲示物の角を丸くするのか四角くするのか、文字を太くしたときに丸くするのか四角くするのかだけでも、かわいらしくなるかかっこよくなるかのニュアンスが変わります。（右の写真は、かわいらしく、丸くしてあります）

④ **使えるアイテムをそろえる**

＊コンパスカッター、段ボールカッター
＊ピンキングばさみ、かどまるくん
＊マスキングテープ、マスキングテープ調のシール
＊マジックテープ、シール付きマグネットシート
＊折り紙、色画用紙、お花紙、ボール紙、スチレンボード
＊かわいい画鋲、かわいい丸シール、かわいい輪ゴム
＊スズランテープ、各種ひも（麻、タコ糸）、各種リボン（太、細）

おわりに

　私は楽しいこととかわいいものが大好きです。
　教室掲示も学級経営も、自己満足な部分も多いのかもしれません。
　そう言われたこともありました。
　自分でもそうかもと思います。

　実際、本書で紹介したアイテムは私自身が楽しく過ごすためのアイテムで
もあります。それで子どもたちの笑顔が増えるならば…自己満足でもいい
じゃない♡と思っています。

　先生方が日々笑顔でいられるように…と妄想しながら（妄想って大事です
よね、ポジティブな妄想です）、筆を進めてまいりました。

　そして、執筆を進める中で、楽しいことの裏側には、気を付けなくてはい
けないことがいつも潜んでいると改めて感じました。
　子どもたちに喜んでほしいからやっているはずなのに逆に誰かを傷つけて
しまったり、よかれと思ったことが思わぬトラブルを招いてしまったり。

　先生方にとって大切な誰かが傷つくようなことがないよう、今の学級の実
態にあっているかな？　学年の先生たちに相談は？　管理職の許可は？　など
色々な角度からそれぞれのアイテムを見つめてください。

　気になるアイテムがあれば、ぜひ真似してくださったらうれしいです。
そして、そこにご自身のエッセンスを加えて、デジタルと融合したり流行と
組み合わせたりして、よりよいもの、持続可能なものにアレンジしていって、
ご自身のカラーにしてくだされば幸いです。

本書が学級作りの一助となることを願っております。
先生方の実践の選択肢の一つとなりますように。

本書をお手にとってくださった方にとって、
私が紹介したアイテムがわくわくするものであったり、
「これを作ってみたい」と思えるものだったり、
「これを作ったら子どもたちが喜ぶだろうな」と想像してニタニタするものであったりして…。
どうか、明日への希望となるものでありますように。

　さて、監修の樋口万太郎先生、そして学陽書房の山本聡子さんには、長期にわたり、大変お世話になりました。
　私のような超普通、平々凡々の一教員が、このように宝のような時間と機会をいただけたことに本当に感謝しております。

子どもたちが、日々ハッピーでありますように。
先生方が、日々ハッピーでありますように。

全国各地の教室で、
楽しんでいる先生方と子どもたちの笑顔を想像して。

愛を込めて

2023年2月　　金子　真弓

著者紹介

金子 真弓 （かねこ　まゆみ）

群馬県生まれ。東京学芸大学教育学部を卒業後、群馬県の小学校勤務を経て、結婚を機に静岡県へ。現在は浜松市の小学校教諭として勤務。二児の母。好きな教科は図工と道徳。好きな言葉は「人は言葉を浴びて育つ」。Instagramのアカウント（@nico.e.school）はフォロワー 2.7万人を超え、教室で役立つアイテムのほか、授業で使えるちょっとしたアイディア、学級経営で大切にしている考えなどを発信している。著作に『クラスの子が前向きに育つ！対話型叱り方』（共著、学陽書房）、「みんなをつなぐ学級通信」『授業力＆学級経営力2023年3月号』（明治図書出版）がある。

監修者紹介

樋口 万太郎 （ひぐち　まんたろう）

1983年大阪府生まれ。大阪府公立小学校、大阪教育大学附属池田小学校を経て、京都教育大学附属桃山小学校に勤務、現在に至る。全国算数授業研究会 幹事、関西算数授業研究会 会長などに所属。学校図書教科書「小学校算数」編集委員。主な著書に『子どもの問いからはじまる授業！』『仲よくなれる！　授業がもりあがる！　密にならないクラスあそび120』（共に学陽書房）ほか多数。

映える！＆すぐ作れる♡
教室で役立つほめられアイテム

2023年4月 1 日　初版発行
2023年4月20日　5刷発行

著　者―――――金子真弓
監修者―――――樋口万太郎
発行者―――――佐久間重嘉
発行所―――――学 陽 書 房
　　　　　　　　〒 102-0072　東京都千代田区飯田橋 1-9-3
編集部―――――TEL 03-3261-1112
営業部―――――TEL 03-3261-1111／FAX 03-5211-3300
　　　　　　　　http://www.gakuyo.co.jp/

ブックデザイン／能勢明日香
本文DTP制作・印刷／精文堂印刷　製本／東京美術紙工